엔트리로 떠나는

시간 여행

엔트리 기본

코딩연구소 지음

TIME MACHINE

ENTRY

U.F.O

CODING

LEVEL UP

MARINE
MARINEBOOKS

이 책의 목차
CONTENTS

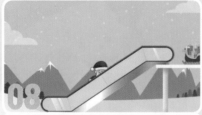

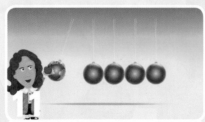

엔트리와 함께 시간 여행을 떠나면서
다양한 경험을 해보세요!

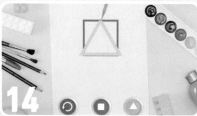

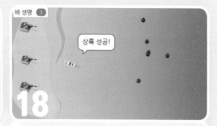

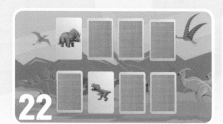

타임머신 타고 떠나는 시간여행

엔트리 타임머신을 타고 시간여행을 떠나기로 했어요. 과거로 돌아가 유명한 위인들이 어떤 발명을 했는지도 보고, 미래로 이동해 로봇과 대화하는 생활도 체험해 보기로 해요. 그럼 먼저 타임머신을 타고 어떻게 이동하는지 알아봐야겠죠?

학습목표
▷ 신호를 만들고 신호를 보내어 실행할 수 있습니다.
▷ 모양을 변경해 애니메이션을 만들 수 있습니다.
▷ 장면을 이동할 수 있습니다.

실습파일 : 타임머신.ent   **완성파일** : 타임머신(완성).ent

미션 미리보기

버튼을 클릭하면 타임머신이 작동하면서 배경이 흔들리고 여행할 연도가 바뀌게 됩니다. 연도가 설정되면 장면이 바뀌면서 과거 배경으로 바뀌도록 코드를 완성해 보세요.

버튼을 클릭하면 배경을 이동시켜 차가 흔들리는 모양을 만들고 연도의 모양을 바꿔 연도가 회전되는 것처럼 표현

장면을 이동하여 다른 시대로 이동한 것처럼 장면을 구성

✅ 사용할 주요 블록

명령 블록	설명
10 번 반복하기	입력한 횟수만큼 블록 안에 연결된 블록들을 반복해서 실행합니다.
대상없음▼ 신호 보내기	선택한 신호를 보냅니다.
다음▼ 모양으로 바꾸기	오브젝트의 모양을 선택한 모양으로 바꿉니다.
x 좌표를 10 만큼 바꾸기	오브젝트의 x 좌표를 입력한 값만큼 바꿉니다.
장면 1▼ 시작하기	선택한 장면을 시작합니다.

❶ [실습파일]–[01차시]에 있는 '**타임머신.ent**'를 열고 버튼을 클릭하면 오브젝트들을 움직이도록 만들기 위해 먼저 신호를 만듭니다. [**속성**] 탭–[**신호**]–[**신호 추가하기**]를 클릭하고 이름을 '출발'로 입력한 후 [확인] 버튼을 클릭합니다.

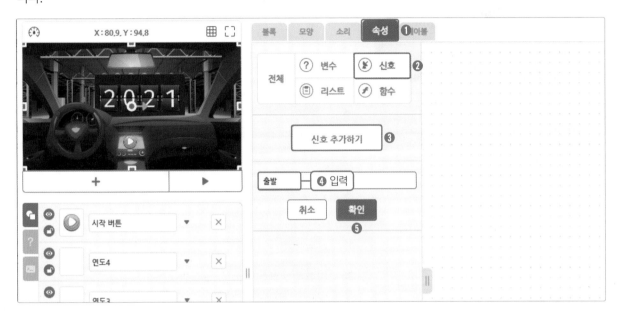

❷ 시작 버튼을 누르면 신호를 보내기 위해 [**블록**] 탭을 선택하고 '**시작 버튼**' 오브젝트를 선택합니다.

❸ 🏳️ 의 ⏺ 오브젝트를 클릭했을 때 를 추가하고 🏳️ 의 출발▼ 신호 보내기 🏳️ 를 연결합니다.

❹ 출발 신호를 받으면 타임머신이 움직이는 모양을 만들기 위해 '**현재배경**' 오브젝트를 선택하고 [시작]의 [출발▼ 신호를 받았을 때]를 추가한 후 [흐름]의 [계속 반복하기]를 연결합니다.

❺ 배경이 좌우로 움직이는 것처럼 만들기 위해 [움직임]의 [x 좌표를 10 만큼 바꾸기]를 반복 블록 안에 **2개** 연결하고 값을 '**5**'와 '**−5**'로 지정한 후 [흐름]의 [2 초 기다리기]를 블록 사이에 연결하고 초를 '**0.02**'로 지정합니다.

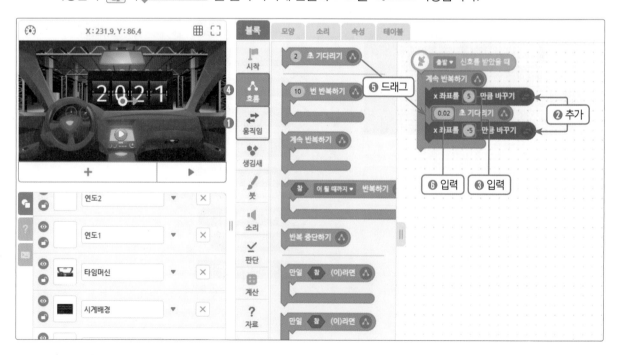

❻ 연도 숫자가 바뀌는 애니메이션을 만들기 위해 '**연도1**' 오브젝트를 선택하고 [시작]의 〔출발▼ 신호를 받았을 때〕를 추가한 후 [흐름]의 〔10 번 반복하기〕를 연결하고 횟수를 '**19**'로 지정합니다.

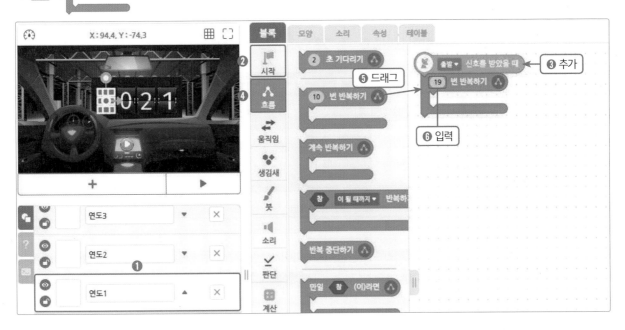

❼ 숫자 모양을 바꾸기 위해 [생김새]의 〔다음▼ 모양으로 바꾸기〕를 반복 블록 안에 연결하고 [흐름]의 〔2 초 기다리기〕를 연결한 후 초를 '**0.05**'로 지정합니다.

 예제에는 '연도' 오브젝트의 [모양] 탭을 클릭하면 '0'~'9'까지의 숫자가 차례대로 미리 구성되어 있습니다. 모양을 다음 모양으로 계속 바꾸면 숫자가 회전하는 애니메이션을 만들 수 있습니다.

⑧ 다른 연도 오브젝트도 숫자가 바뀌도록 만들기 위해 [출발▼ 신호를 받았을 때] 블록 위에서 **[마우스 오른쪽 버튼]–[코드 복사]**를 선택하고 '**연도2**'와 '**연도3**', '**연도4**' 오브젝트를 각각 선택한 후 **[마우스 오른쪽 버튼]–[붙여넣기]**를 선택합니다.

⑨ '**연도2**' 오브젝트에 복사된 블록에서 반복 횟수를 '**23**'으로, '**연도3**' 오브젝트의 반복 횟수를 '**27**'로 지정합니다.

▲ '연도2' 오브젝트　　　　　　　　▲ '연도3' 오브젝트

⑩ '**연도4**' 오브젝트의 반복 횟수를 '**30**'으로 지정합니다. 이어서 연도가 모두 변경되면 장면을 변경하기 위해 [흐름]의 [2 초 기다리기]를 연결하고 초를 '**1**'로 지정하고 [시작]의 [현재▼ 시작하기]를 연결한 후 장면을 '**과거**'로 지정합니다.

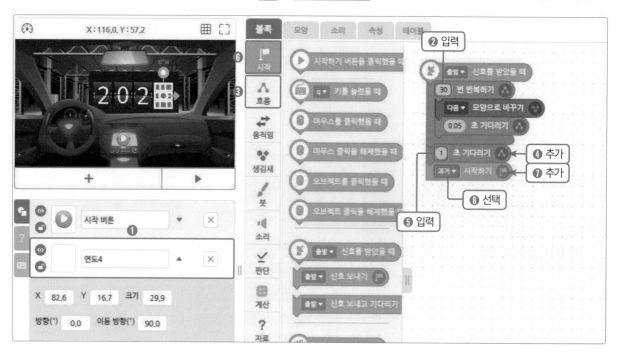

혼자서 **미션** 해결하기

실습파일 : 자동차 레이싱.ent   완성파일 : 자동차 레이싱(완성).ent

01 타임머신을 타고 자동차 레이스를 즐겨 봐요. 먼저 시작하기 버튼을 클릭하면 자동차가 달리는 모양을 만들기 위해 자동차는 위아래로 이동하고 배경은 모양이 바뀌도록 코드를 완성해 보세요.

'자동차' 오브젝트

❶ 시작하기 버튼을 클릭했을 때 ➜ ❷ ❸~❻을 '25'번 반복하기 ➜ ❸ y 좌표를 '5'만큼 바꾸기 ➜ ❹ '0.1'초 기다리기 ➜ ❺ y 좌표를 '-5'만큼 바꾸기 ➜ ❻ '0.1'초 기다리기

'자동차 배경' 오브젝트

❶ 시작하기 버튼을 클릭했을 때 ➜ ❷ ❸~❹를 '50'번 반복하기 ➜ ❸ '다음' 모양으로 바꾸기 ➜ ❹ '0.1'초 기다리기 ➜ ❺ '1'초 기다리기 ➜ ❻ '우승' 시작하기

02 [우승] 장면이 시작되면 배경은 모양이 바뀌고 우승자는 모양을 바꿔 우승한 것을 기뻐하는 장면을 만들어 보세요.

'우승자' 오브젝트

❶ 장면이 시작되었을 때 ➜ ❷ ❸~❹를 '25'번 반복하기 ➜ ❸ '다음' 모양으로 바꾸기 ➜ ❹ '0.2'초 기다리기

'자동차 배경1' 오브젝트

❶ 장면이 시작되었을 때 ➜ ❷ ❸~❹를 '50'번 반복하기 ➜ ❸ '다음' 모양으로 바꾸기 ➜ ❹ '0.1'초 기다리기

망원경으로 개기월식 관찰하기

02

우주에 관심이 많은 지윤이는 망원경으로 천체를 관찰한 갈릴레이를 만나러 시간 여행을 떠나기로 했어요. 마침 도착한 날에는 개기월식을 볼 수 있는 날이었어요. 망원경으로 달이 가려지는 우주 쇼를 함께 관찰해 봐요.

▹ 오브젝트를 마우스 포인터가 있는 위치로 이동할 수 있습니다.
▹ 키보드를 이용해 오브젝트의 크기를 변경할 수 있습니다.
▹ 코드를 다른 오브젝트에 복사하여 빠르게 코딩할 수 있습니다.

실습파일 : 망원경.ent   **완성파일** : 망원경(완성).ent

미션 미리보기

구멍이 뚫린 오브젝트가 마우스 포인터를 따라다니게 하여 망원경처럼 보이도록 만들고 행성이 달을 가리는 모습을 애니메이션으로 만들어 봅니다. 화살표 키를 누르면 오브젝트의 크기를 변경해 망원경이 확대해서 개기월식을 관찰할 수 있도록 코드를 완성해 보세요.

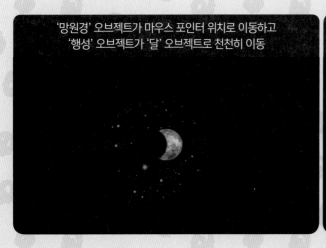

'망원경' 오브젝트가 마우스 포인터 위치로 이동하고
'행성' 오브젝트가 '달' 오브젝트로 천천히 이동

화살표 키를 누르면 오브젝트의 크기를 변경

✅ 사용할 주요 블록

명령 블록	설명
계속 반복하기	블록 안에 연결된 블록들을 계속 반복합니다.
q ▼ 키를 눌렀을 때	선택한 키를 눌렀을 때 연결된 블록들을 실행합니다.
크기를 10 만큼 바꾸기	오브젝트의 크기를 입력한 값만큼 바꿉니다.
2 초 동안 망원경 ▼ 위치로 이동하기	오브젝트가 입력한 초 동안 선택한 오브젝트 또는 마우스 포인터 위치로 이동합니다.

망원경 애니메이션 만들기

① [실습파일]-[02차시]에 있는 '**망원경.ent**'를 열고 '**망원경**' 오브젝트를 선택합니다. 오브젝트가 마우스 포인터를 계속 따라다니도록 만들기 위해 의 를 추가하고 의 를 연결합니다.

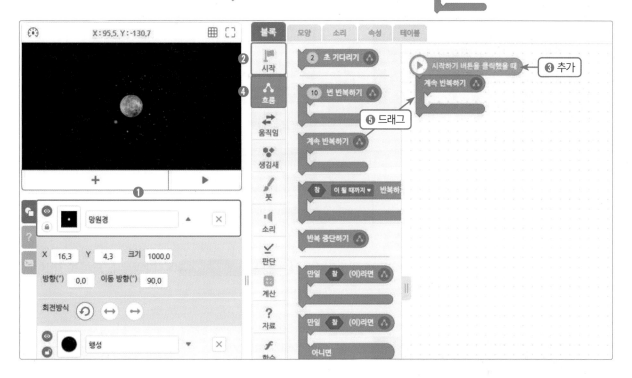

② '**망원경**' 오브젝트가 마우스 포인터를 따라 이동하도록 만들기 위해 의 를 반복 블록 안에 연결한 후 초를 '**0.3**'으로, 위치를 **마우스포인터**'로 지정합니다.

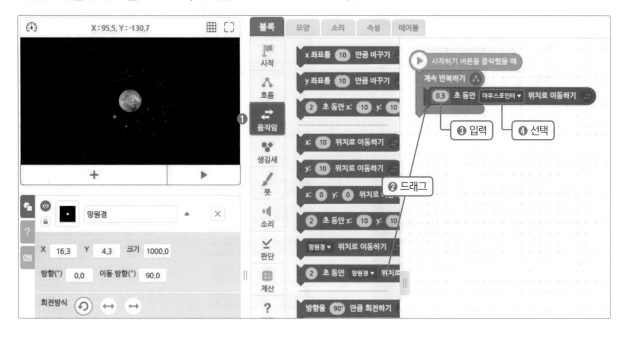

③ 위쪽 화살표를 누르면 화면이 확대되는 것처럼 만들기 위해 '**행성**' 오브젝트를 선택하고 ▨의 ▨ ▨ 키를 놓았을 때 를 추가한 후 키를 '**위쪽 화살표**'로 지정합니다. 이어서 ▨의 ▨ 크기를 10 만큼 바꾸기 ▨ 를 연결하고 값을 '**10**'으로 지정합니다.

④ 다른 오브젝트도 확대되는 것처럼 보이도록 만들기 위해 ▨ 위쪽 화살표 ▼ 키를 놓았을 때 에서 **[마우스 오른쪽 버튼]-[코드 복사]**를 선택합니다.

⑤ '**달**'과 '**배경**' 오브젝트를 각각 선택하고 **[마우스 오른쪽 버튼]-[붙여넣기]**를 선택해 블록을 복사합니다.

⑥ '**행성**' 오브젝트를 선택하고 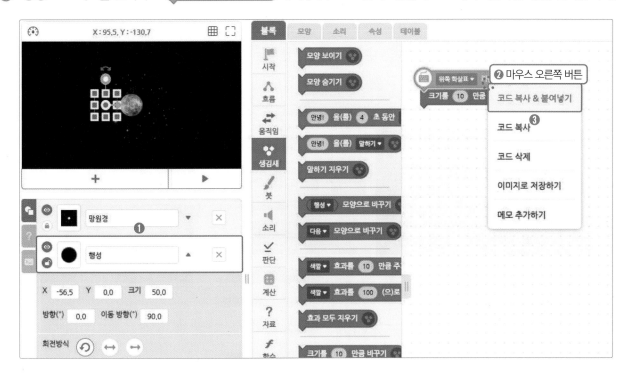 에서 [**마우스 오른쪽 버튼**]–[**코드 복사&붙여넣기**]를 선택합니다.

⑦ 아래쪽 화살표 키를 누르면 축소되는 것처럼 만들기 위해 키를 '**아래쪽 화살표**'로, 값을 '**–10**'으로 각각 지정합니다.

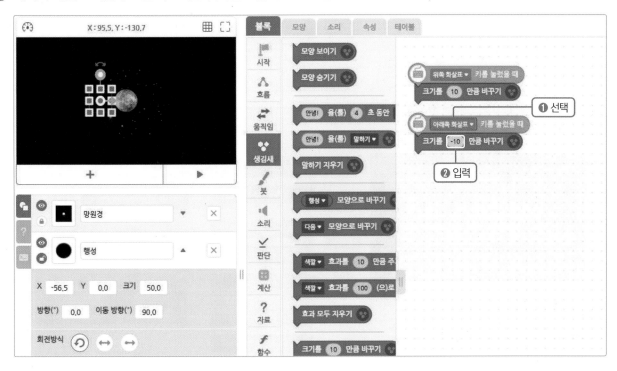

⑧ 다른 오브젝트도 축소되는 것처럼 보이도록 만들기 위해 아래쪽 화살표▾ 키를 눌렀을 때 에서 [**마우스 오른쪽 버튼**]–[**코드 복사**]를 선택한 후 '**달**'과 '**배경**' 오브젝트를 각각 선택하고 [**마우스 오른쪽 버튼**]–[**붙여넣기**]를 선택해 블록을 복사합니다.

① '행성' 오브젝트가 '달' 오브젝트를 점점 가리는 개기월식 효과를 만들기 위해 **'행성'** 오브젝트를 선택하고 시작의 ▶ 시작하기 버튼을 클릭했을 때 를 추가한 후 흐름의 2 초 기다리기 를 연결합니다.

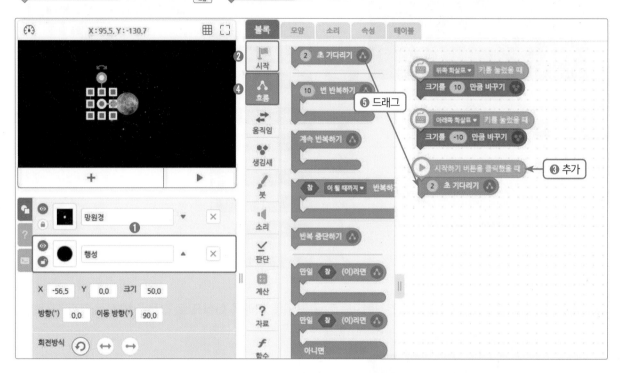

② 달의 왼쪽에서 오른쪽으로 천천히 이동하도록 만들기 위해 움직임의 2 초 동안 x: 10 y: 10 만큼 움직이기 를 연결하고 초를 '60'으로, x를 '120'으로, y를 '0'으로 지정합니다.

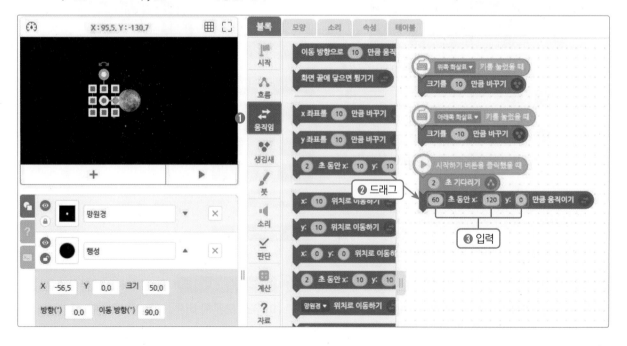

실습파일 : 잠망경.ent   완성파일 : 잠망경(완성).ent

01 잠수함을 타고 잠망경으로 보는 바닷속을 만들어 보겠습니다. 잠망경이 마우스 포인터 위치로 이동하도록 코드를 완성해 보세요.

'잠망경' 오브젝트

❶ 시작하기 버튼을 클릭했을 때 ➡ ❷ ❸을 계속 반복하기 ➡ ❸ '마우스포인터' 위치로 이동하기

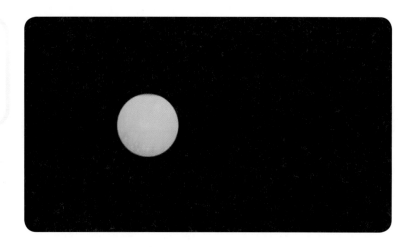

02 바닷속을 헤엄치는 물고기들이 각각 다른 속도로 이동하도록 코드를 완성해 보세요.

'물고기1' 오브젝트

❶ 시작하기 버튼을 클릭했을 때 ➡ ❷ ❸~❹를 계속 반복하기 ➡ ❸ 화면 끝에 닿으면 튕기기 ➡ ❹ 이동 방향으로 '0.2'만큼 움직이기

'물고기2' 오브젝트

❶ 시작하기 버튼을 클릭했을 때 ➡ ❷ ❸~❹를 계속 반복하기 ➡ ❸ 화면 끝에 닿으면 튕기기 ➡ ❹ 이동 방향으로 '0.6'만큼 움직이기

'물고기3' 오브젝트

❶ 시작하기 버튼을 클릭했을 때 ➡ ❷ ❸~❹를 계속 반복하기 ➡ ❸ 화면 끝에 닿으면 튕기기 ➡ ❹ 이동 방향으로 '0.1'만큼 움직이기

 힌트

코드를 복사해 이동하는 속도 값만 변경해서 완성합니다.

스티븐 스필버그와 영화 만들기

03

영화를 좋아하는 미영이는 유명한 영화감독인 스티븐 스필버그를 만나고 싶어졌어요. 타임머신을 타고 영화를 만드는 스필버그 감독을 만나 영화소개 자막을 함께 만들기로 했어요. 글자에 다양한 효과를 적용하여 멋지게 만들 수 있도록 여러분이 도와주세요.

▷ 글상자 오브젝트를 만들 수 있습니다.

▷ 글상자 오브젝트에 다양한 효과를 지정할 수 있습니다.

▷ 신호를 이용해 여러 개의 글상자 오브젝트를 순서대로 움직일 수 있습니다.

실습파일 : 영화자막.ent   **완성파일** : 영화자막(완성).ent

미션 미리보기

글상자 오브젝트를 추가해 장면에 어울리는 글을 각각 입력하고 각 오브젝트마다 다른 움직임 효과를 지정합니다. 오브젝트의 움직임이 서로 연결되도록 움직임이 끝나면 신호를 보내 다음 오브젝트가 움직이도록 합니다.

글상자 오브젝트를 만들고 내용을 입력한 후 서식 적용

서기 6세기 나라간 전쟁이 극에 달했다.

각 글상자 오브젝트에 움직임 효과를 적용하고 신호를 만들어 움직임이 끝나면 다음 글상자 오브젝트가 이동

서기 6세기 나라간 전쟁이 극에 달했다.
안서왕과 원탁의 기사들은
이런 혼란을 잠재우게 된다.

감독/주연 : 나혼자

✅ 사용할 주요 블록

명령 블록	설명
2 초 동안 x: 10 y: 10 위치로 이동하기	입력한 시간 동안 입력한 좌표로 오브젝트를 이동합니다.
크기를 10 만큼 바꾸기	오브젝트의 크기를 입력한 값만큼 바꿉니다.
크기를 100 (으)로 정하기	오브젝트의 크기를 입력한 크기로 정합니다.
방향을 90° 만큼 회전하기	오브젝트의 방향을 입력한 각도만큼 회전합니다.

❶ [실습파일]-[03차시]에 있는 '**영화자막.ent**'를 열고 글상자 오브젝트들이 움직임이 끝나면 보낼 신호를 만들기 위해 **[속성] 탭-[신호]-[신호 추가하기]**를 클릭해 '**자막2**', '**자막3**', '**자막4**'를 추가합니다.

❷ 시작하기 버튼을 클릭하면 '텍스트1' 오브젝트가 크게 보이도록 하기 위해 '**텍스트1**' 오브젝트를 선택하고 **[블록] 탭**에서 [시작]의 `시작하기 버튼을 클릭했을 때` 를 추가한 후 [생김새]의 `크기를 100 (으)로 정하기` 를 연결하고 값을 '1000'으로 지정합니다.

❸ 회전하면서 크기가 작아지는 효과를 만들기 위해 🅢의 [10 번 반복하기]를 연결하고 횟수를 '48'로 지정한 후 🅢의 [방향을 90° 만큼 회전하기]를 반복 블록 안에 연결하고 각도를 '45'로 지정합니다. 이어서 🅢의 [크기를 10 만큼 바꾸기]를 연결하고 크기를 '−18'로 지정합니다.

❹ 움직임이 끝나면 기다렸다가 다음 글상자 오브젝트가 진행되도록 신호를 보내기 위해 🅢의 [2 초 기다리기]를 연결하고 초를 '1'로 지정한 후 🅢의 [자막4 ▼ 신호 보내기]를 연결하고 신호를 **자막2**로 지정합니다.

② 크기가 빠르게 작아지는 효과 만들기

① 신호를 받으면 크기가 작아지는 효과를 만들기 위해 '**텍스트2**' 오브젝트를 선택하고 [시작]의 (자막4 ▼ 신호를 받았을 때)를 추가한 후 신호를 '**자막2**'로 지정합니다. 이어서 [생김새]의 (크기를 100 (으)로 정하기)를 연결하고 크기를 '**1000**'으로 지정한 후 [생김새]의 (모양 보이기)를 연결합니다.

 예제에는 '텍스트2', '텍스트3', '텍스트3' 오브젝트가 장면에서 보이지 않도록 지정되어 있습니다.

② 크기가 작아지는 모양을 만들기 위해 [흐름]의 (10 번 반복하기)를 연결하고 횟수를 '**45**'로 지정한 후 [생김새]의 (크기를 10 만큼 바꾸기)를 연결하고 값을 '**-20**'으로 지정합니다.

❸ 글자가 작아지는 효과가 끝나면 기다렸다가 신호를 보내기 위해 [호름]의 [2 초 기다리기]를 연결하고 초를 '1'로 지정한 후 [시작]의 [자막4 ▾ 신호 보내기]를 연결하고 신호를 '**자막3**'으로 지정합니다.

❹ [자막2 ▾ 신호를 받았을 때]에서 [마우스 오른쪽 버튼]-[코드 복사]를 선택하고 '**텍스트3**' 오브젝트를 선택한 후 [마우스 오른쪽 버튼]-[붙여넣기]를 선택합니다. 이어서 첫 번째 신호를 '**자막3**'으로, 두 번째 신호를 '**자막4**'로 지정합니다.

❺ 글자가 왼쪽에서 오른쪽으로 이동하도록 만들기 위해 '**텍스트4**' 오브젝트를 선택하고 [시작]의 [자막4 ▾ 신호를 받았을 때]를 추가한 후 신호를 '**자막4**'로 지정합니다. [생김새]의 [모양 보이기]를 연결하고 [움직임]의 [2 초 동안 x: 10 y: 10 위치로 이동하기]를 연결한 후 초를 '0.5'로, x를 '100', y를 '−95'로 지정합니다.

혼자서 미션 해결하기

실습파일 : 영화엔딩.ent   완성파일 : 영화엔딩(완성).ent

01 영화감독이 되어 영화의 마지막 장면을 만들어 봐요. '미래배경' 오브젝트의 색깔이 계속 바뀌도록 코드를 완성해 보세요.

❶ 시작하기 버튼을 클릭했을 때 ➡
❷ ❸~❹를 '10'번 반복하기 ➡
❸ '색깔' 효과를 '10'만큼 주기 ➡
❹ '0.5'초 기다리기

02 '텍스트1', '텍스트2', '텍스트3' 오브젝트가 위로 이동하면서 크기가 작아졌다 다시 커지도록 코드를 완성해 보세요.

'텍스트1' 오브젝트

❶ 시작하기 버튼을 클릭했을 때 ➡
❷ ❸~❺를 '24'번 반복하기 ➡
❸ y 좌표를 '5'만큼 바꾸기 ➡ ❹
크기를 '-5'만큼 바꾸기 ➡ ❺
'0.05'초 기다리기 ➡ ❻ '자막2시
작' 신호 보내기 ➡ ❼ ❽~❿을
'18'번 반복하기 ➡ ❽ y 좌표를
'5'만큼 바꾸기 ➡ ❾ 크기를 '5'만
큼 바꾸기 ➡ ❿ '0.1'초 기다리기

'텍스트2', '텍스트3' 오브젝트

'텍스트1' 오브젝트의 코드를 복사해
신호를 받았을 때 모양을 보인 후 그
림처럼 이동하도록 반복 횟수(텍스트
2 : 24, 12 / 텍스트3 : 24, 8)와 초
를 지정해 코드를 완성하세요.

예제에는 '자막2시작'과 '자막3시작' 신호가 미리 추가되어 있으며 '텍스트2', '텍스트3' 오브젝트는 장면에서 보이지 않도록 지정되어 있습니다.

03 스티븐 스필버그와 영화 만들기   21

라이트 형제와 비행하기

비행기 조종사가 꿈인 현식이는 비행기를 처음 만든 라이트 형제를 만나보고 싶었어요. 타임머신을 타고 이동해 라이트 형제가 비행기를 만들어 처음으로 날아올라 조종하는 모습을 함께 지켜봐요.

학습목표

▹ 기다리기 블록을 이용해 여러 개의 오브젝트가 순서대로 움직이도록 할 수 있습니다.
▹ 비행기가 날아오르는 장면을 만들 수 있습니다.
▹ 프로펠러가 점점 빨리 돌아가는 모습을 만들 수 있습니다.

실습파일 : 비행기.ent   **완성파일** : 비행기(완성).ent

미션 미리보기

프로펠러가 빨리 돌기 시작할 때 비행기가 움직이므로 프로펠러가 점점 빨리 돌도록 만들고 시간이 지나면 비행기가 위로 이동하면서 커지도록 만들어 비행기가 이륙하는 장면을 만들어 보세요.

시작하기 버튼을 클릭하면 프로펠러가 점점 빨리 회전

지정한 시간을 기다린 후 비행기와 프로펠러가 커지면서 위로 이동해 비행기가 날아오르는 애니메이션 완성

✅ 사용할 주요 블록

명령 블록	설명
2 초 동안 방향을 90° 만큼 회전하기	입력한 초 동안 입력한 값만큼 오브젝트를 회전합니다.
10 번 반복하기	입력한 횟수만큼 블록 안에 연결된 블록들을 반복해서 실행합니다.
y 좌표를 10 만큼 바꾸기	오브젝트의 y 좌표를 입력한 값만큼 바꿉니다.
크기를 10 만큼 바꾸기	오브젝트의 크기를 입력한 값만큼 바꿉니다.

1 점점 빨리 돌아가는 프로펠러 만들기

❶ [실습파일]-[04차시]에 있는 '**비행기.ent**'를 열고 프로펠러를 회전시키기 위해 '**프로펠러**' 오브젝트를 선택한 후
[시작]의 (▶) 시작하기 버튼을 클릭했을 때 를 추가합니다.

❷ [흐름]의 10 번 반복하기 를 연결하고 횟수를 '3'으로 지정한 후 [움직임]의 2 초 동안 방향을 90° 만큼 회전하기 를 반복 블록 안에 연결하고 초를 '1'로, 방향을 '180'으로 지정합니다.

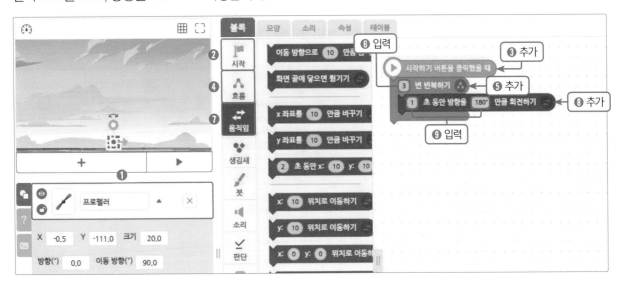

❸ 프로펠러를 점점 빨리 회전시키기 위해 3 번 반복하기 에서 [마우스 오른쪽 버튼]-[코드 복사]를 선택한 후 [마우스 오른쪽 버튼]-[붙여넣기]를 2번 실행하여 연결하고 초를 '0.5'와 '0.2'로 각각 지정합니다.

 지정한 초 동안 입력한 각도만큼 회전하게 되므로 시간이 짧아지면 회전을 빨리하게 됩니다.

④ 프로펠러를 계속 같은 속도로 회전시키기 위해 🏳의 를 연결하고 🔁의 ⎡2 초 동안 방향을 90° 만큼 회전하기 ⎤ 를
반복 블록 안에 연결한 후 초를 '0.05'로, 방향을 '180'으로 지정합니다.

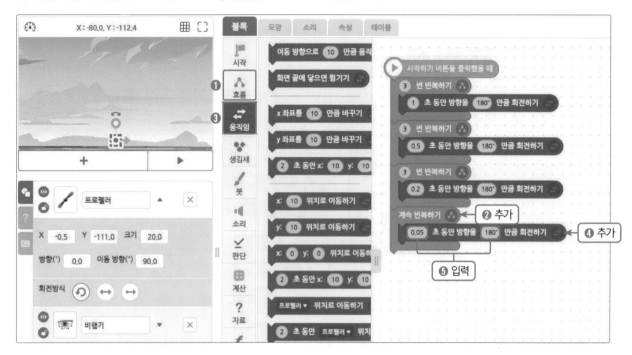

② 비행기 이륙시키기

① 비행기가 이륙하는 모습을 만들기 위해 🏳의 ⎡▶ 시작하기 버튼을 클릭했을 때 ⎤ 를 새로 추가하고 🔁의 ⎡2 초 기다리기 ⎤ 를 연결
한 후 초를 '7'로 지정합니다. 이어서 🔁의 ⎡10 번 반복하기 ⎤ 를 연결하고 횟수를 '10'으로 지정합니다.

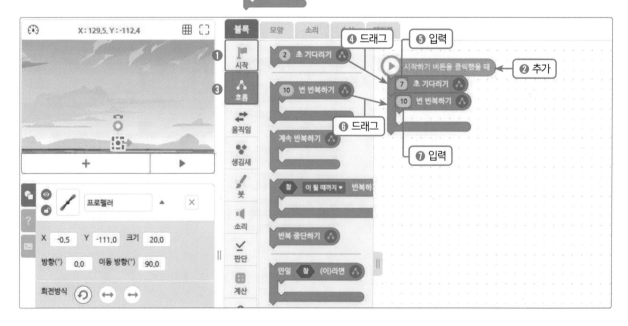

② 크기가 커지면서 위로 이동해 이륙하는 모습을 만들기 위해 [움직임]의 ⟨ y 좌표를 10 만큼 바꾸기 ⟩를 반복 블록 안에 연결하고 값을 '10'으로 지정한 후 [생김새]의 ⟨ 크기를 10 만큼 바꾸기 ⟩를 연결하고 값을 '5'로 지정합니다. 이어서 [흐름]의 ⟨ 2 초 기다리기 ⟩를 연결하고 초를 '0.2'로 지정합니다.

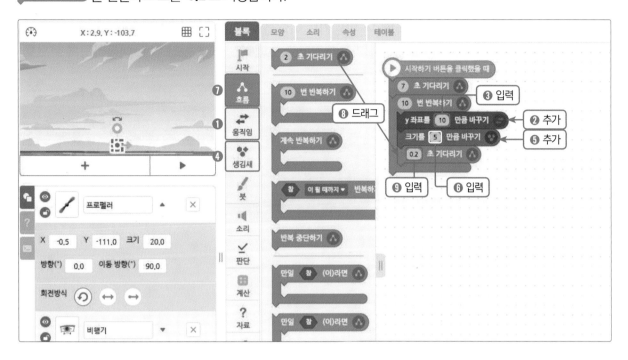

③ 프로펠러와 같이 비행기 몸체도 함께 이동시키기 위해 ⟨▶ 시작하기 버튼을 클릭했을 때⟩에서 **[마우스 오른쪽 버튼]-[코드 복사]**를 선택하고 **'비행기'** 오브젝트를 선택한 후 **[마우스 오른쪽 버튼]-[붙여넣기]**를 선택합니다.

실습파일 : 비행기 조종하기.ent   완성파일 : 비행기 조종하기(완성).ent

01 비행기 조종을 함께 해봐요. 이 비행기는 바람을 타고 날아가는 비행기라 아래로 떨어집니다. 아래쪽 벽에 닿으면 조종이 불가능해지므로 스페이스 키를 눌러 위로 이동하도록 코드를 완성해 보세요.

❶ 시작하기 버튼을 클릭했을 때 ➡ ❷ ❸~❾를 계속 반복하기 ❸ 만일 ➡ ❹ '스페이스' 키가 눌러져 있다면 ➡ ❺ y 좌표를 '3'만큼 바꾸기 ➡ ❻ 만일 ➡ ❼ '아래쪽 벽'에 닿았다면 ➡ ❽ '모든' 코드 멈추기 ➡ ❾ y 좌표를 '-1'만큼 바꾸기

02 왼쪽과 오른쪽 화살표 키를 누르면 해당 방향으로 비행기가 이동하도록 코드를 완성해 보세요.

❶ 시작하기 버튼을 클릭했을 때 ➡ ❷ ❸~❽을 계속 반복하기 ➡ ❸ 만일 ➡ ❹ '오른쪽 화살표' 키가 눌러져 있다면 ➡ ❺ 이동 방향으로 '10'만큼 움직이기 ➡ ❻ 만일 ➡ ❼ '왼쪽 화살표' 키가 눌러져 있다면 ➡ ❽ 이동 방향으로 '-10'만큼 움직이기

한석봉처럼 글자 예쁘게 쓰기

글씨를 예쁘게 쓰지 못하는 기수는 글씨를 예쁘게 쓰고 싶었어요. 타임머신을 타고 조선시대로 이동해 명필가인 한석봉을 찾아가 어떻게 예쁘게 글씨를 쓸 수 있는지 물어보았어요. "꾸준하게 천천히 연습을 많이 해야 한단다!"라고 하는 한석봉님의 조언을 지키려고 글자 연습장을 만들어보려고 해요.

학습목표
▹ 신호를 받아 모양을 변경할 수 있습니다.
▹ 붓의 색과 굵기를 지정할 수 있습니다.
▹ 오브젝트를 마우스 포인터 위치로 이동할 수 있습니다.

실습파일 : 예쁜글자쓰기.ent   **완성파일** : 예쁜글자쓰기(완성).ent

미션 미리보기

예쁜 글자를 쓸 수 있도록 점선의 글자가 배치되어 있어 점선 안쪽에 연필로 드래그하여 글자를 씁니다. 글자를 모두 썼다면 버튼을 클릭해 원래 글자 모양과 비교해 봅니다.

마우스로 드래그하여 점선 안에 글자를 씀

버튼을 클릭하면 예쁜 글자가 나타나 쓴 글자와 비교

✅ 사용할 주요 블록

명령 블록	설명
마우스포인터 ▼ 위치로 이동하기	마우스 포인터 위치로 오브젝트를 이동합니다.
그리기 시작하기	오브젝트가 이동하는 대로 선을 그립니다.
그리기 멈추기	오브젝트가 선을 그리는 것을 멈춥니다.
붓의 굵기를 ① (으)로 정하기	오브젝트가 그리는 선의 굵기를 정합니다.
붓의 색을 ■ (으)로 정하기	오브젝트가 그리는 선의 색을 정합니다.

❶ [실습파일]-[05차시]에 있는 '**예쁜글자쓰기.ent**'를 열고 버튼을 클릭하면 원본 글자를 표시하는 신호를 만들기 위해 [**속성] 탭-[신호]-[신호 추가하기**]를 클릭해 '**예시보기**' 신호를 추가합니다.

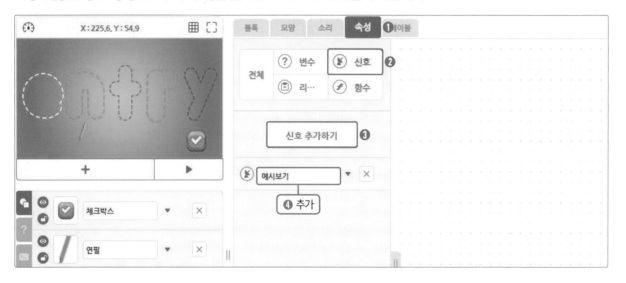

❷ 붓의 색과 굵기를 지정하여 글자를 그리기 위해 '**연필**' 오브젝트를 선택하고 [**블록] 탭**에서 붓의 시작의 ▶ 시작하기 버튼을 클릭했을 때 를 추가합니다. 붓의 붓의 색을 ■ (으)로 정하기 를 연결하고 색을 '**흰색**'으로 지정한 후 붓의 붓의 굵기를 ① (으)로 정하기 를 연결해 굵기를 '**10**'으로 지정합니다.

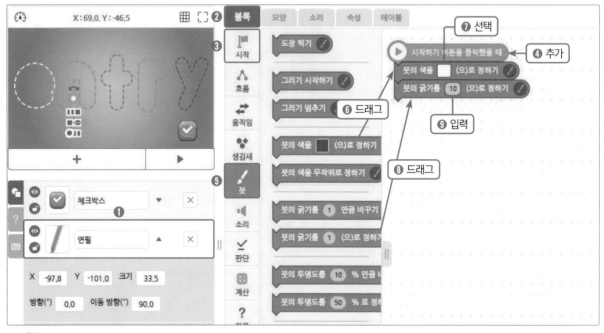

 붓의 색은 빨강, 녹색, 파랑이 모두 255일 때 흰색입니다. 붓의 굵기는 숫자 크기가 클수록 두꺼워집니다.

❸ '연필' 오브젝트가 마우스 포인터를 따라다니도록 만들기 위해 [흐름]의 <계속 반복하기>를 연결하고 [움직임]의 <체크박스▼ 위치로 이동하기>를 반복 블록 안에 연결한 후 **마우스포인터**로 지정합니다.

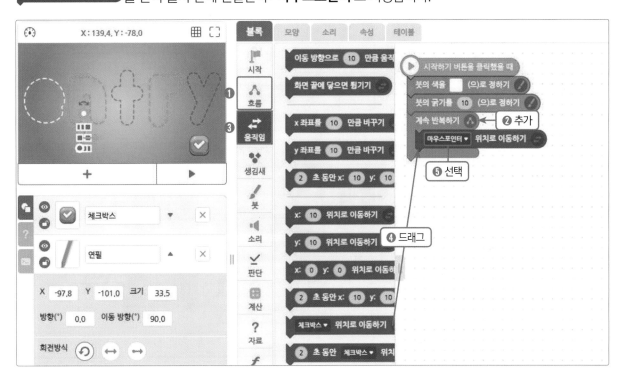

❹ 마우스를 클릭했을 때 붓이 그려지도록 만들기 위해 [시작]의 <마우스를 클릭했을 때>를 추가하고 [흐름]의 <계속 반복하기>를 연결한 후 [붓]의 <그리기 시작하기>를 반복 블록 안에 연결합니다.

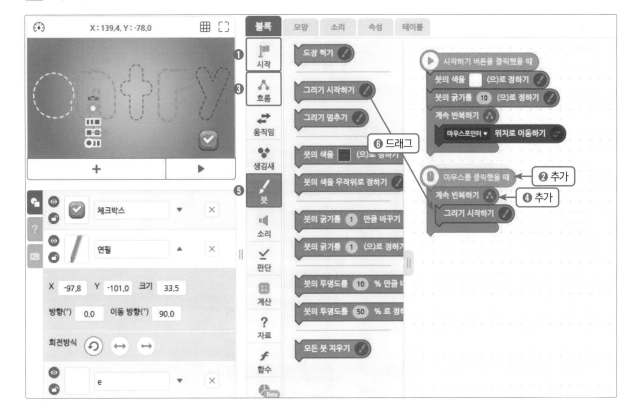

❺ 마우스 클릭을 해제했을 때 그리기가 멈춰지도록 만들기 위해 [시작]의 [마우스 클릭을 해제했을 때]를 추가하고 [흐름]의 [계속 반복하기]를 연결한 후 [붓]의 [그리기 멈추기]를 반복 블록 안에 연결합니다.

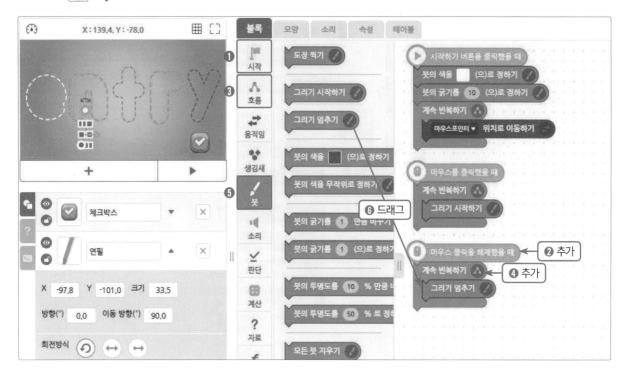

2 버튼을 클릭해 원본 글자와 비교하기

❶ 버튼을 클릭하면 원본 글자가 보이도록 하기 위해 **'체크박스'** 오브젝트를 선택하고 [시작]의 [오브젝트를 클릭했을 때]를 추가한 후 [시작]의 [예시보기 ▼ 신호 보내기]를 연결합니다.

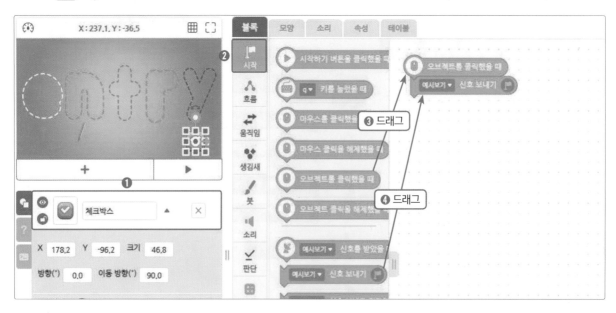

❷ 신호를 받으면 글자 모양을 바꾸기 위해 'e' 오브젝트를 선택하고 〔시작〕의 〔예시보기 ▾ 신호를 받았을 때〕를 추가한 후 〔생김새〕의 〔다음 ▾ 모양으로 바꾸기〕를 연결합니다.

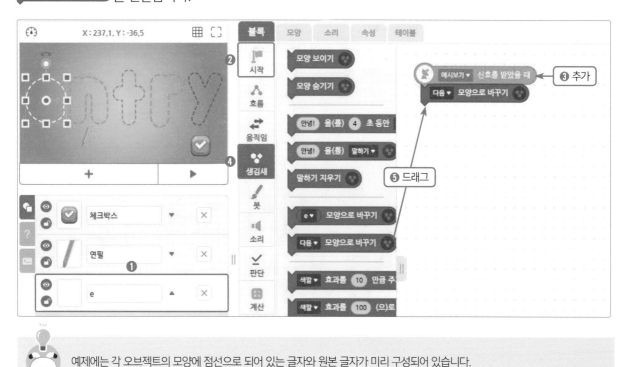

예제에는 각 오브젝트의 모양에 점선으로 되어 있는 글자와 원본 글자가 미리 구성되어 있습니다.

❸ 〔예시보기 ▾ 신호를 받았을 때〕에서 [마우스 오른쪽 버튼]-[코드 복사]를 선택하고 'y' 오브젝트를 선택한 후 [마우스 오른쪽 버튼]-[붙여넣기]를 선택합니다.

❹ 같은 방법으로 't', 'r', 'n' 오브젝트를 선택하고 [마우스 오른쪽 버튼]-[붙여넣기]를 선택합니다.

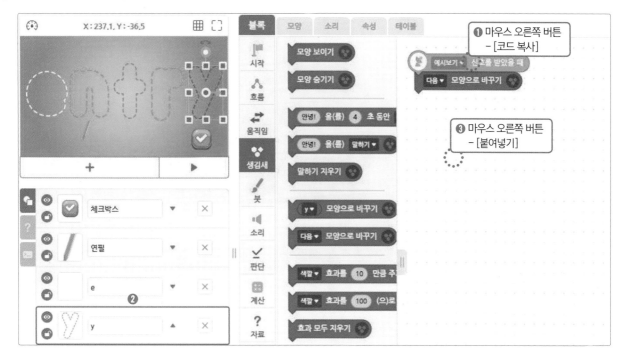

실습파일 : 점 그리기.ent   완성파일 : 점 그리기(완성).ent

01 점을 연필로 그려서 이으면 어떤 동물인지 알 수 있는 퀴즈입니다. '연필' 오브젝트를 이동해 선이 그려지도록 코드를 완성해 보세요.

❶ 시작하기 버튼을 클릭했을 때 ➜
❷ 붓의 색을 '연한갈색'으로 정하기
➜ ❸ 붓의 굵기를 '5'로 정하기 ➜
❹ ❺를 계속 반복하기 ➜ ❺ '마우스포인터' 위치로 이동하기

❶ 마우스를 클릭했을 때 ➜ ❷ 그리기 시작하기

❶ 마우스 클릭을 해제했을 때 ➜ ❷ 그리기 멈추기

02 버튼을 클릭하면 숨겨져 있던 원본 그림이 보이도록 코드를 완성해 보세요.

'물음표' 오브젝트

❶ 오브젝트를 클릭했을 때 ➜ ❷ '정답보기' 신호 보내기

'얼굴' 오브젝트

❶ '정답보기' 신호를 받았을 때 ➜ ❷ 모양 보이기

 예제에는 '얼굴' 오브젝트가 장면에서 보이지 않도록 지정되어 있으며 '정답보기' 신호가 미리 추가되어 있습니다.

타임머신 주차 연습하기

06

타임머신 자동차를 타고 다른 시간으로 이동했을 때 아무 곳에나 주차를 해놓으니 다른 곳으로 이동할 때 불안한 마음이 들었어요. 주차 실력이 부족한 태희는 주차 연습을 해서 타임머신을 안전한 곳에 놓고 마음껏 여행을 다니고 싶었어요. 여러분이 태희에게 주차연습장을 만들어 주세요.

 학습목표
▸ 화살표 키를 이용해 오브젝트를 이동하거나 회전할 수 있습니다.
▸ 조건 블록을 이용해 게임을 처음부터 다시 시작할 수 있습니다.
▸ 소리를 추가하여 조건에 맞으면 소리를 재생할 수 있습니다.

실습파일 : 주차연습.ent　　　　**완성파일** : 주차연습(완성).ent

미션 미리보기

화살표 키를 이용해 자동차를 운전할 수 있도록 만들어요. 주차선 옆에 닿으면 사고가 난 것이므로 처음부터 다시 시작하고 주차선 끝에 자동차가 닿으면 주차를 안전하게 잘 했으므로 박수 소리가 나도록 코딩해 보세요.

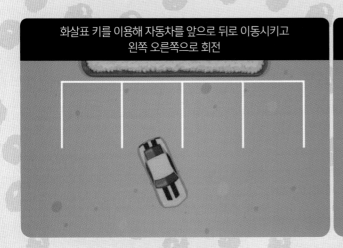

화살표 키를 이용해 자동차를 앞으로 뒤로 이동시키고 왼쪽 오른쪽으로 회전

주차선 옆에 닿으면 처음부터 다시 시작하고 주차선 끝에 닿으면 박수 소리를 내고 모든 코드를 멈춤

✅ 사용할 주요 블록

명령 블록	설명
q▾ 키가 눌러져 있는가?	선택한 키가 눌러져 있는지 판단합니다.
만일 참 이라면	조건에 맞으면 블록 안쪽에 연결된 블록들을 실행합니다.
처음부터 다시 실행하기	작품을 처음부터 다시 실행합니다.
모든▾ 코드 멈추기	모든 블록의 실행을 멈춥니다.

① 자동차 운전하기

① [실습파일]-[06차시]에 있는 '**주차연습.ent**'를 열고 화살표 키를 눌렀을 때 오브젝트를 이동시키기 위해 '**자동차**' 오브젝트를 선택합니다. 이어서 의 시작하기 버튼을 클릭했을 때 를 추가한 후 의 계속 반복하기 를 연결합니다.

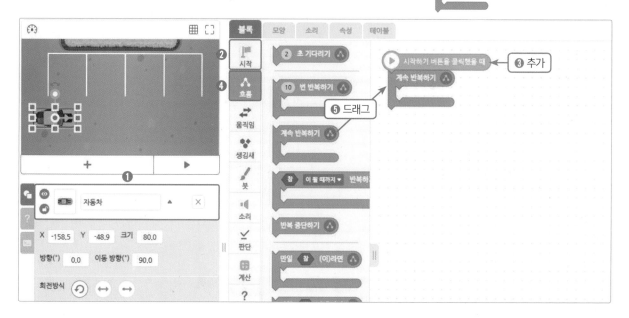

② 위쪽 화살표 키를 누르면 오브젝트를 이동시키기 위해 의 만일 참 이라면 을 반복 블록 안에 연결하고 의 q▼ 키가 눌러져 있는가? 를 조건 블록에 끼워 넣은 후 키를 '**위쪽 화살표**'로 지정합니다. 이어서 의 이동 방향으로 10 만큼 움직이기 를 조건 블록 안에 연결하고 값을 '2'로 지정합니다.

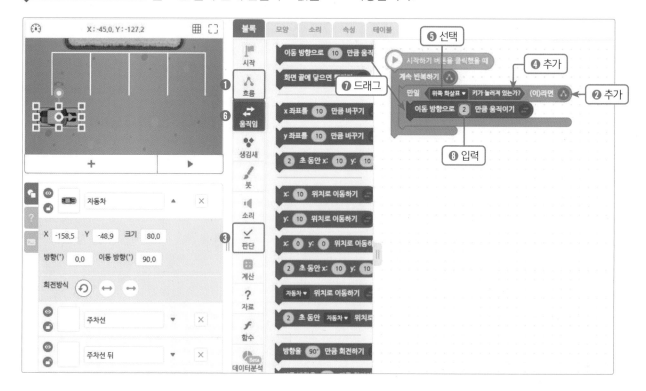

❸ 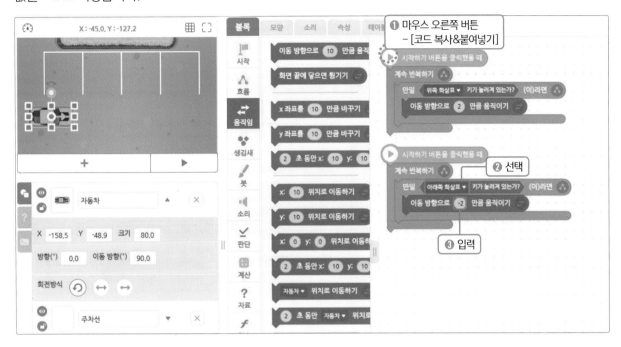 에서 **[마우스 오른쪽 버튼]-[코드 복사&붙여넣기]**를 선택하고 키를 '**아래쪽 화살표**'로, 이동 값을 '**-2**'로 지정합니다.

❹ 같은 방법으로 코드를 복사하고 키를 '**왼쪽 화살표**'로 지정한 후 `이동 방향으로 10 만큼 움직이기` 블록을 드래그하여 삭제 합니다.

❺ `움직임`의 `방향을 90° 만큼 회전하기`를 조건 블록 안에 연결한 후 방향을 '**-2**'로 지정합니다.

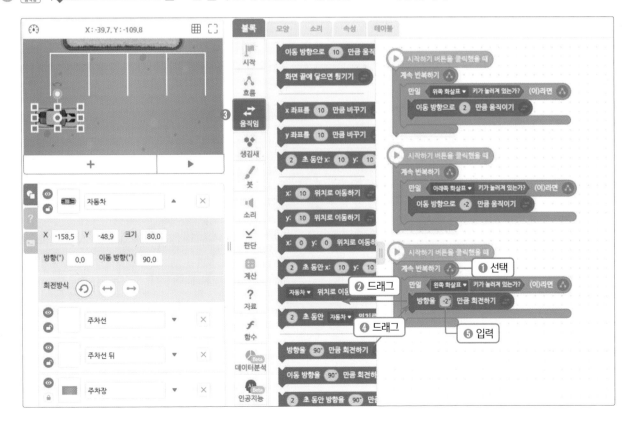

❻ 같은 방법으로 코드를 복사하고 키를 '**오른쪽 화살표**'로 지정한 후 방향을 '2'로 지정합니다.

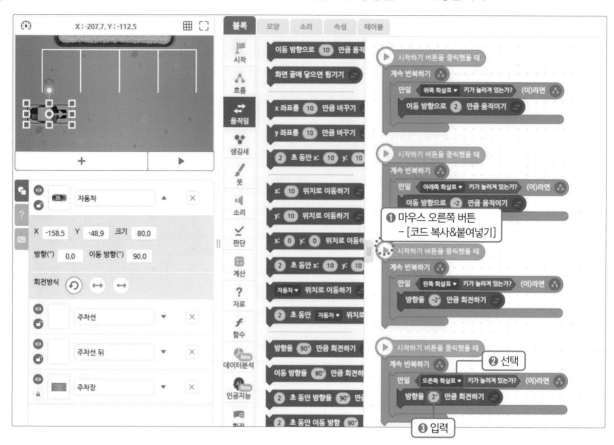

2 주차선에 닿았는지 확인하기

❶ 주차선의 끝선에 닿았는지 계속 확인하기 위해  을 반복 블록 안에 연결합니다.

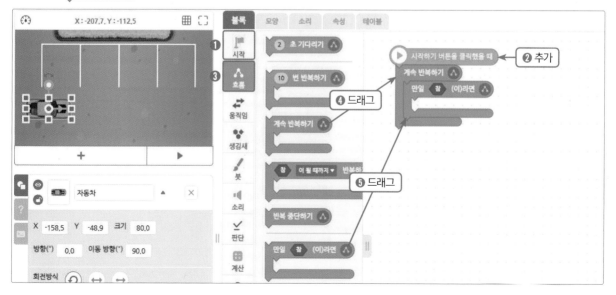

❷ 주차선 끝에 닿으면 소리를 내고 블록의 실행을 멈추기 위해 조건 블록에 `판단`의 `마우스포인터 ▾ 에 닿았는가?`를 끼워 넣고 오브젝트를 '**주차선 뒤**'로 지정합니다. 이어서 `소리`의 `소리 박수갈채 ▾ 1 초 재생하기 ◀))`를 조건 블록 안에 연결하고 초를 '**2**'로 지정한 후 `흐름`의 `모든 ▾ 코드 멈추기 ⚠`를 연결합니다.

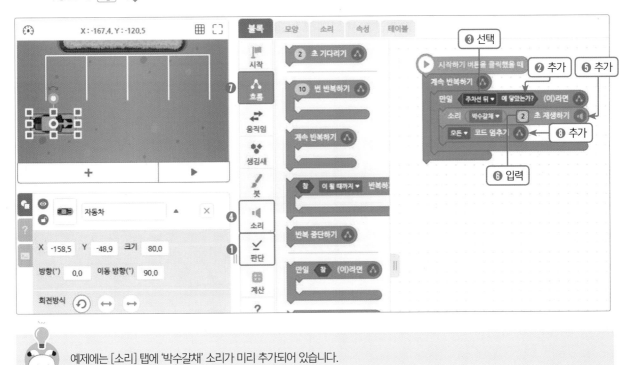

예제에는 [소리] 탭에 '박수갈채' 소리가 미리 추가되어 있습니다.

❸ 주차선에 닿으면 처음부터 다시 코드를 실행시키기 위해 `흐름`의 `만일 참 이라면 ⚠`을 연결하고 조건 블록에 `판단`의 `마우스포인터 ▾ 에 닿았는가?`를 끼워 넣은 후 '**주차선**'으로 지정하고 `흐름`의 `처음부터 다시 실행하기 ⚠`를 조건 블록 안에 연결합니다.

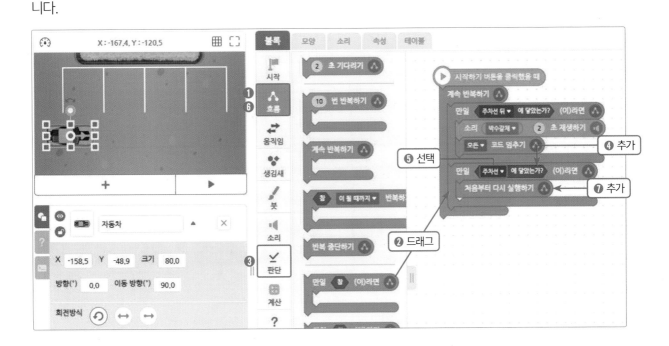

혼자서 **미션** 해결하기

실습파일 : 미로찾기.ent   완성파일 : 미로찾기(완성).ent

01 미로에 갇힌 우리 친구 계란을 미로에서 탈출시켜 주세요. 화살표 키를 눌러 계란이 미로 벽 사이로 이동할 수 있도록 코드를 완성해 보세요.

❶ '오른쪽 화살표' 키를 눌렀을 때
➡ ❷ 이동 방향을 '90'으로 정하기
➡ ❸ 이동 방향으로 '5'만큼 움직이기

❶ '왼쪽 화살표' 키를 눌렀을 때 ➡
❷ 이동 방향을 '270'으로 정하기
➡ ❸ 이동 방향으로 '5'만큼 움직이기

❶ '위쪽 화살표' 키를 눌렀을 때 ➡
❷ 이동 방향을 '0'으로 정하기 ➡
❸ 이동 방향으로 '5'만큼 움직이기

❶ '아래쪽 화살표' 키를 눌렀을 때
➡ ❷ 이동 방향을 '180'으로 정하기 ➡ ❸ 이동 방향으로 '5'만큼 움직이기

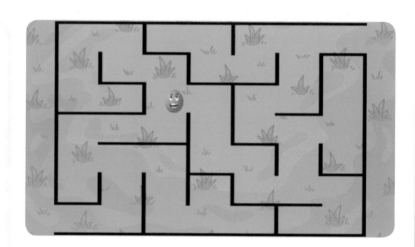

화살표 키를 눌렀을 때 이동 방향을 변경하면서 이동하는 이유는 미로 벽에 닿았을 때 뒤로 물러나도록 만들기 위해서입니다.

02 미로 벽에 닿으면 이동 반대 방향으로 물러나고 '계란2' 모양으로 바뀌면서 크기를 변경한 후 처음부터 다시 실행되도록 코드를 완성해 보세요.

❶ 시작하기 버튼을 클릭했을 때 ➡
❷ ❸~❾를 계속 반복하기 ➡ ❸
만일 ➡ ❹ '미로벽'에 닿았다면 ➡
❺ 이동 방향으로 '-5'만큼 움직이기 ➡ ❻ '계란2' 모양으로 바꾸기
➡ ❼ 크기를 '10'만큼 바꾸기 ➡
❽ '1'초 기다리기 ➡ ❾ 처음부터 다시 실행하기

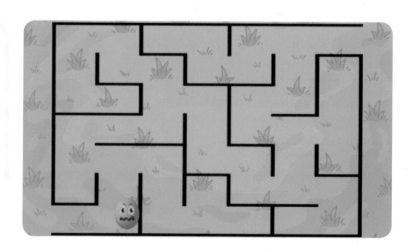

07 슈바이처와 바이러스 퇴치하기

무서운 바이러스들이 많아져 사람들이 힘들어 하는 것을 보고 기용이는 의사가 되기로 마음을 먹었어요. 훌륭한 의사인 슈바이처를 만나러 타임머신을 타고 가서 나쁜 바이러스들을 함께 퇴치해 보세요.

학습목표

▷ 두 조건을 모두 만족할 때 연결된 블록들을 실행할 수 있습니다.
▷ 지정한 두 수 사이의 임의의 수 좌표로 이동할 수 있습니다.
▷ 임의의 초를 기다렸다가 실행할 수 있습니다.

실습파일 : 바이러스 퇴치하기.ent   완성파일 : 바이러스 퇴치하기(완성).ent

미션 미리보기

주사기가 마우스 포인터를 따라다니고 바이러스가 임의의 위치에서 나타나면 마우스로 클릭해 바이러스를 퇴치합니다. 퇴치된 바이러스는 임의의 시간이 지난 후 다시 임의의 위치에서 나타납니다.

주사기가 마우스 포인터를 따라다님

임의의 위치에 바이러스가 나타나고 마우스로 클릭하면 바이러스가 사라졌다가 임의의 초가 지난 후 다시 나타남

✓ 사용할 주요 블록

명령 블록	설명
참 그리고 ▾ 참	두 조건이 모두 참일 때 참으로 판단합니다.
마우스를 클릭했는가?	마우스를 클릭했는지 판단합니다.
0 부터 10 사이의 무작위 수	입력한 두 수 사이에서 임의의 수를 추출합니다.
x: 0 y: 0 위치로 이동하기	x와 y에 입력한 좌표로 오브젝트를 이동합니다.

1 마우스 포인터를 따라다니는 주사기 만들기

❶ [실습파일]-[07차시]에 있는 '**바이러스 퇴치하기.ent**'를 열고 주사기가 마우스 포인터를 따라다니도록 만들기 위해 '**주사기**' 오브젝트를 선택한 후 [시작]의 (▶ 시작하기 버튼을 클릭했을 때)를 추가합니다.

❷ [흐름]의 (계속 반복하기)를 연결하고 [움직임]의 (주사기 ▾ 위치로 이동하기)를 반복 블록 안에 연결한 후 '**마우스포인터**'로 지정합니다.

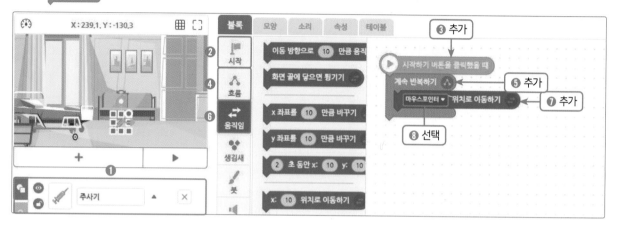

2 임의의 위치에서 나타나는 바이러스 퇴치하기

❶ 바이러스가 나타나도록 만들기 위해 '**바이러스1**' 오브젝트를 선택하고 [시작]의 (▶ 시작하기 버튼을 클릭했을 때)를 추가합니다. 이어서 [흐름]의 (계속 반복하기)를 연결하고 [생김새]의 (모양 보이기)를 반복 블록 안에 연결합니다.

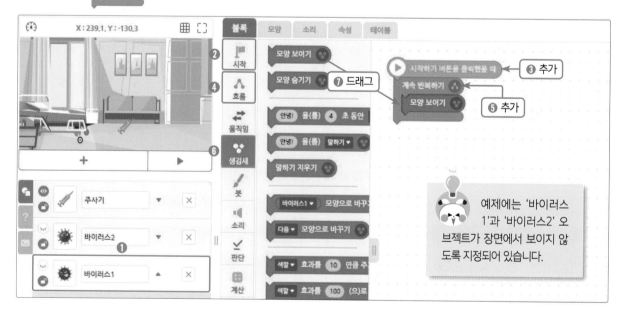

예제에는 '바이러스1'과 '바이러스2' 오브젝트가 장면에서 보이지 않도록 지정되어 있습니다.

❷ 마우스 포인터에 닿았으면서 클릭이 되었는지 판단하기 위한 조건을 만들기 위해 📑의 만일 참 이라면 을 연결하고 📑의 참 그리고 ▾ 참 을 조건에 끼워 넣습니다.

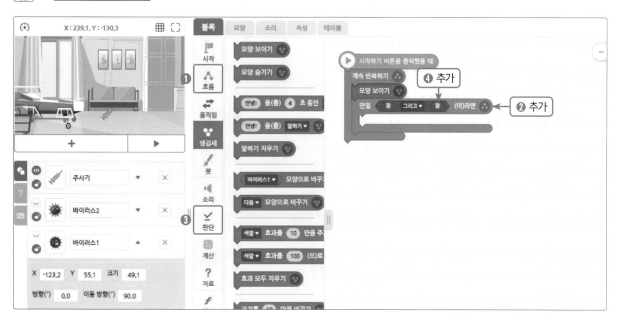

❸ 두 조건에 만족했다면 모양을 숨기기 위해 📑의 마우스포인터 ▾ 에 닿았는가? 를 첫 번째 조건에 끼워 넣고 📑의 마우스를 클릭했는가? 를 두 번째 조건에 끼워 넣은 후 📑의 모양 숨기기 를 조건 블록 안에 연결합니다.

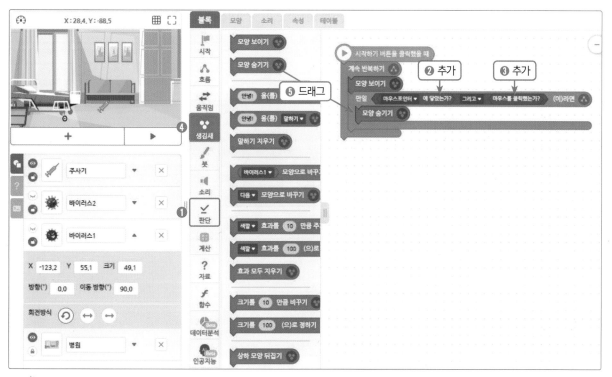

 오브젝트를 마우스로 클릭했을 때 조건을 만들기 위해서는 마우스 포인터가 오브젝트에 닿은 상태에서 클릭을 해야 합니다.

④ 숨겨진 오브젝트를 임의의 위치로 이동시키기 위해 [움직임]의 [x: 0 y: 0 위치로 이동하기]를 연결하고 x와 y에 [계산]의 [0 부터 10 사이의 무작위 수]를 각각 끼워 넣습니다. x는 '**−190**'부터 '**190**' 사이로, y는 '**−90**'부터 '**90**' 사이로 지정합니다.

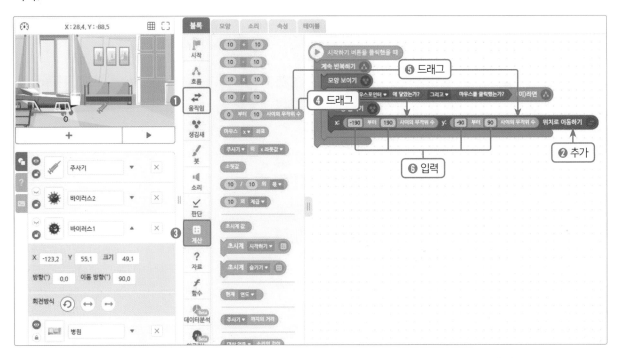

⑤ 임의의 시간이 지나면 새로운 바이러스가 보이도록 하기 위해 [흐름]의 [2 초 기다리기]를 연결하고 [계산]의 [0 부터 10 사이의 무작위 수]를 초에 끼워 넣은 후 값을 '**1**'부터 '**3**' 사이로 지정합니다.

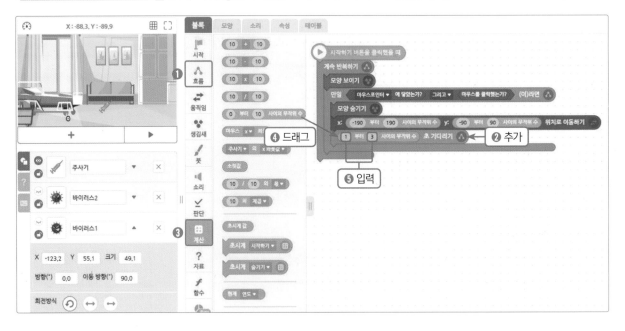

⑥ [▶ 시작하기 버튼을 클릭했을 때]에서 [**마우스 오른쪽 버튼**]-[**코드 복사**]를 선택하고 '**바이러스2**' 오브젝트를 선택한 후 [**마우스 오른쪽 버튼**]-[**붙여넣기**]를 선택해 '바이러스2' 오브젝트도 같은 동작을 하게 합니다.

실습파일 : 앰뷸런스.ent   완성파일 : 앰뷸런스(완성).ent

01 앰뷸런스를 이동해 응급환자를 태워야 해요. 위쪽과 아래쪽 화살표 키를 눌렀을 때 앰뷸런스가 도로에서만 이동 방향으로 움직이도록 코드를 완성해 보세요.

❶ 시작하기 버튼을 클릭했을 때 ➔ ❷ ❸~⑭를 계속 반복하기 ➔ ❸ 만일 ➔ ❹ '위쪽 화살표' 키가 눌러져 있다면 ➔ ❺ 그리고 ➔ ❻ '도로'에 닿았다면 ➔ ❼ 이동 방향으로 '5'만큼 움직이기 ➔ ❽ 만일 ➔ ❾ '아래쪽 화살표' 키가 눌러져 있다면 ➔ ❿ 그리고 ➔ ⓫ '도로'에 닿았다면 ➔ ⓬ 이동 방향으로 '-5'만큼 움직이기 ➔ ⓭ 만일 ➔ ⑭ '도로'에 닿지 않았다면 ➔ ⓯ 처음부터 다시 실행하기

❶ '오른쪽 화살표' 키를 눌렀을 때 ➔ ❷ 방향을 '45'만큼 회전하기

❶ '왼쪽 화살표' 키를 눌렀을 때 ➔ ❷ 방향을 '-45'만큼 회전하기

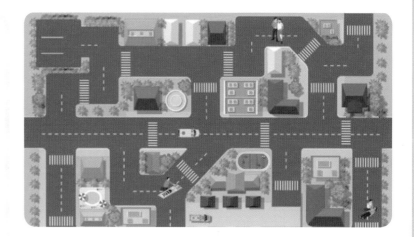

02 응급환자들이 앰뷸런스와 닿으면 숨겨지도록 코드를 완성해 보세요.

'응급환자1', '응급환자2', '응급환자3' 오브젝트

❶ 시작하기 버튼을 클릭했을 때 ➔ ❷ ❸~❺를 계속 반복하기 ➔ ❸ 만일 ➔ ❹ '앰뷸런스'에 닿았다면 ➔ ❺ 모양 숨기기

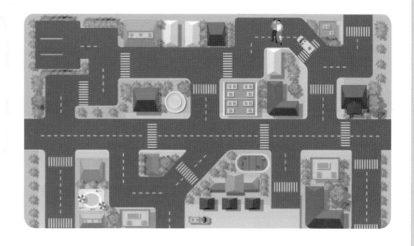

산타 할아버지를 도와주세요

타임머신을 타고 산타 할아버지가 사는 세상으로 이동을 했어요. 힘들게 선물을 나눠주시는 산타 할아버지를 위해 에스컬레이터를 만들어 선물을 쉽게 옮길 수 있도록 도와주세요.

학습목표
▸ 오브젝트의 모양을 바꿔 걸어가는 애니메이션을 만들 수 있습니다.
▸ 화살표 키를 이용해 오브젝트의 방향을 바꿀 수 있습니다.
▸ 에스컬레이터를 타고 이동하는 애니메이션을 만들 수 있습니다.

실습파일 : 에스컬레이터.ent   완성파일 : 에스컬레이터(완성).ent

미션 미리보기

화살표 키의 방향에 맞게 모양을 바꿔 해당 방향으로 걷는 모양을 만들고 에스컬레이터 위와 아래에 닿으면 에스컬레이터를 타고 올라가는 모양을 만들어 보세요.

화살표 키의 방향에 따라 오브젝트의 모양을 바꿔 걷는 모양을 만들고 '위' 오브젝트에 닿으면 위로 이동	선물에 닿으면 선물이 이동하고 '아래' 오브젝트에 닿으면 아래로 이동

☑ 사용할 주요 블록

명령 블록	설명
2 초 동안 x: 10 y: 10 위치로 이동하기	입력한 초 동안 입력한 좌표로 오브젝트를 이동합니다.
마우스포인터 에 닿았는가?	선택한 오브젝트나 마우스 포인터에 닿았는지 판단합니다.
선물 모양으로 바꾸기	오브젝트의 모양을 선택한 모양으로 바꿉니다.

① 산타 할아버지 에스컬레이터로 이동시키기

❶ [실습파일]–[08차시]에 있는 '**에스컬레이터.ent**'를 열고 아래쪽 에스컬레이터에 닿으면 오브젝트를 위로 이동시키기 위해 '**산타**' 오브젝트를 선택한 후 [시작]의 시작하기 버튼을 클릭했을 때 를 추가하고 [흐름]의 계속 반복하기 를 연결합니다.

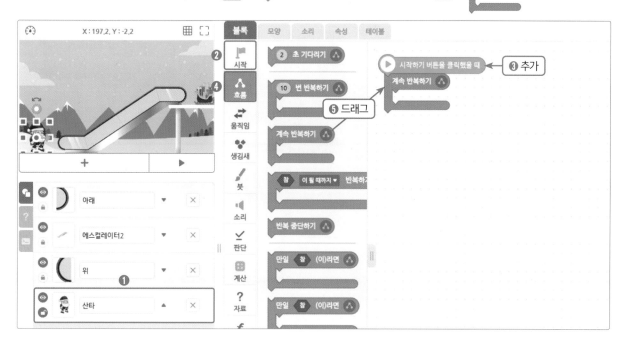

❷ 에스컬레이터를 타기 위한 '위' 오브젝트에 닿았는지 판단하기 위해 [흐름]의 만일 참 이라면 을 반복 블록 안에 연결하고 [판단]의 마우스포인터 ▼ 에 닿았는가? 를 조건에 끼워 넣은 후 조건을 '**위**'로 지정합니다.

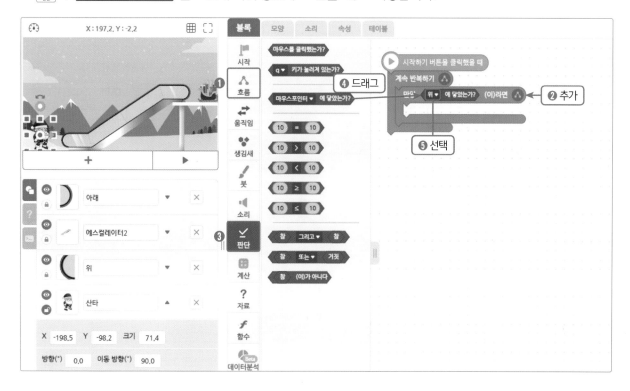

❸ '산타' 오브젝트를 위쪽으로 이동시키기 위해 의 ⟨ ② 초 동안 x: 10 y: 10 위치로 이동하기 ⟩ 블록 **3개**를 조건 블록 안에 연결하고 '**1**'초 동안 x: '**−80**', y: '**−100**', '**3**'초 동안 x: '**100**', y: '**16**', '**1**'초 동안 x: '**210**', y: '**16**'을 각각 지정합니다.

> 오브젝트의 좌표는 실제로 이동할 위치에 오브젝트를 이동시켜 오브젝트 목록에서 좌푯값을 확인해 지정하면 됩니다.

❹ 오브젝트를 위에서 아래로 이동시키기 위해 [만일 참 이라면] 에서 **[마우스 오른쪽 버튼]-[코드 복사&붙여넣기]**를 선택한 후 아래쪽에 연결합니다.

❺ 조건을 '아래'로, 이동 블록의 값을 '**1**'초 동안 x: '**110**', y: '**16**', '**3**'초 동안 x: '**−75**', y: '**−100**', '**1**'초 동안 x: '**−185**', y: '**−100**'으로 지정합니다.

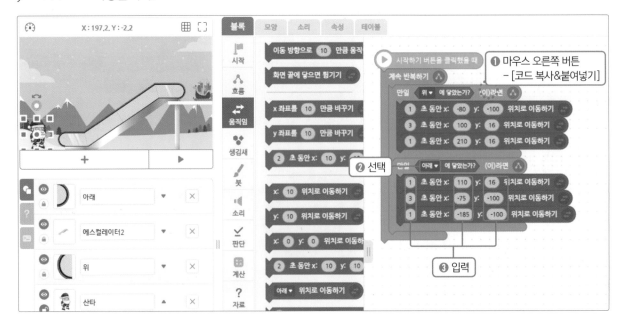

⑥ 화살표 키를 누르면 해당 방향으로 모양을 바꾸고 걷는 모양을 만들기 위해 [시작]의 (q▾ 키를 눌렀을 때)를 추가하고 키를 '**오른쪽 화살표**'로 지정한 후 [생김새]의 (산타1▾ 모양으로 바꾸기)를 연결하고 모양을 '**산타1**'로 지정합니다.

⑦ 이어서 [흐름]의 (2 초 기다리기)를 연결하고 초를 '**0.1**'로 지정한 후 [움직임]의 (x 좌표를 10 만큼 바꾸기)를 연결하고 값을 '**5**'로 지정합니다.

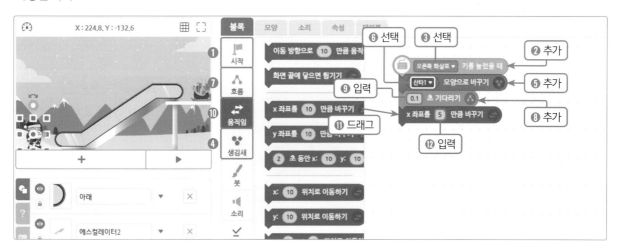

⑧ (산타1▾ 모양으로 바꾸기)에서 [**마우스 오른쪽 버튼**]−[**코드 복사&붙여넣기**]를 선택하고 아래에 연결한 후 모양을 '**산타2**'로 지정합니다.

⑨ 왼쪽 화살표 키를 눌렀을 때도 걷는 모양을 만들기 위해 (오른쪽 화살표▾ 키를 눌렀을 때)에서 [**마우스 오른쪽 버튼**]−[**코드 복사&붙여넣기**]를 선택하고 키를 '**왼쪽 화살표**'로, 모양을 '**산타3**'과 '**산타4**'로, x 좌푯값을 '**−5**'로 각각 지정합니다.

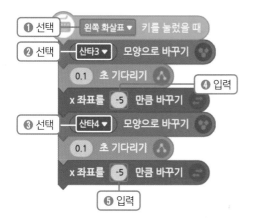

'산타' 오브젝트의 [모양] 탭을 살펴보면 '산타1'과 '산타2'는 오른쪽으로 걷는 모양이, '산타3'과 '산타4'는 왼쪽으로 걷는 모양으로 미리 구성되어 있습니다.

2 선물 배달하러 보내기

❶ '산타' 오브젝트가 위로 이동해 선물에 닿으면 썰매를 이동시키기 위해 '**선물**' 오브젝트를 선택하고 〔시작〕의
〔▶ 시작하기 버튼을 클릭했을 때〕를 추가하고 〔호름〕의 〔계속 반복하기〕를 연결합니다.

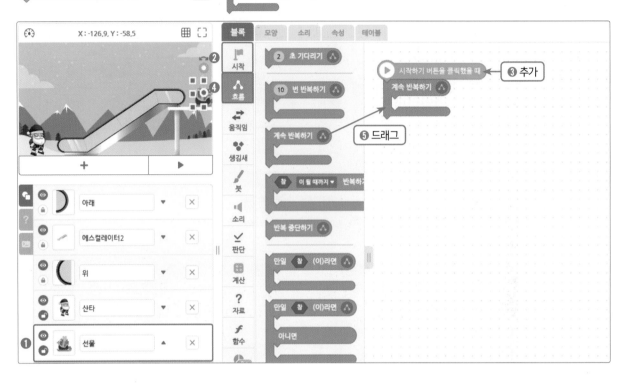

❷ 〔호름〕의 〔만일 참 이라면〕을 반복 블록 안에 연결하고 〔판단〕의 〔마우스포인터▼ 에 닿았는가?〕를 조건에 끼워 넣은 후 조건을 '**산타**'
로 지정합니다. 이어서 〔움직임〕의 〔2 초 동안 x: 10 y: 10 만큼 움직이기〕를 조건 블록 안에 연결하고 '2'초 동안 x: '**50**', y: '**10**'
으로 지정합니다.

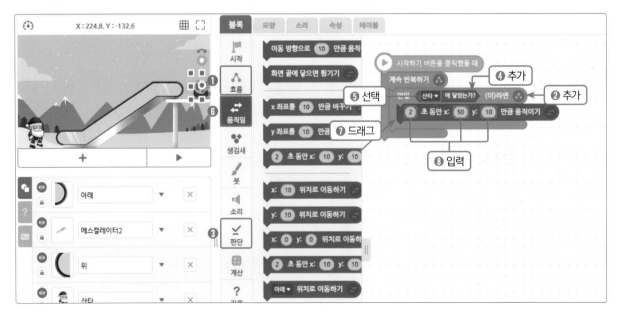

실습파일 : 미로탈출.ent   완성파일 : 미로탈출(완성).ent

01 정글 귀신이 보물을 찾아 미로를 헤매고 있어요. 시작하기 버튼을 클릭하면 '귀신' 오브젝트가 미로를 스스로 탈출할 수 있도록 코드를 완성해 보세요.

❶ 시작하기 버튼을 클릭했을 때 ➡ ❷ ❸~⓫을 계속 반복하기 ➡ ❸ 만일 ➡ ❹ '미로'에 닿았다면 ➡ ❺ 방향을 '-90'만큼 회전하기 ➡ ❻ '0.1'초 기다리기 ➡ ❼ (조건 블록 안) 만일 ➡ ❽ '미로'에 닿았다면 ➡ ❾ 방향을 '180'만큼 회전하기 ➡ ❿ (조건 블록 밖) 이동 방향으로 '10'만큼 움직이기 ➡ ⓫ '0.1'초 기다리기

미로를 탈출하는 기본 흐름은 미로 벽에 닿으면 90도씩 왼쪽으로 회전시켜 이동하는 방법입니다. 하지만 오브젝트가 왼쪽으로 회전했을 때에도 미로에 닿으면 반대 방향으로 이동하기 위해 조건 블록 안에 다른 조건 블록을 추가합니다.

02 보물상자에 닿으면 귀신이 "보물을 찾았다!"라고 말하고 코드를 멈추도록 코딩해 보세요.

❶ 시작하기 버튼을 클릭했을 때 ➡ ❷ ❸~❻을 계속 반복하기 ➡ ❸ 만일 ➡ ❹ '보물'에 닿았다면 ➡ ❺ "보물을 찾았다!"를 말하기 ➡ ❻ '모든' 코드 멈추기

디즈니에서 캐릭터 만들기

캐릭터 그리기가 취미이고 애니메이션을 좋아하는 유미는 캐릭터를 만드는 디즈니사에서 어떻게 캐릭터를 만드는지 구경하고 싶었어요. 타임머신을 타고 미국으로 날아가 다양한 캐릭터가 탄생하는 장면을 확인해 봐요.

학습목표
▸ 버튼을 클릭해 신호를 보내 모양을 변경할 수 있습니다.
▸ 모양을 빠르게 반복해서 변경할 수 있습니다.
▸ 오브젝트를 임의의 모양으로 변경할 수 있습니다.

실습파일 : 캐릭터꾸미기.ent   완성파일 : 캐릭터꾸미기(완성).ent

미션 미리보기

버튼을 클릭했을 때 신호를 보내 캐릭터 몸에 원하는 얼굴 표정과 팔, 다리 모양 그리고 장식들을 선택할 수 있도록 코딩하고 다른 버튼을 클릭했을 때 임의의 모양이 선택되어 표시되도록 만들어 보세요.

버튼을 클릭해 신호를 보내
캐릭터의 얼굴과 다리, 장식의 모양을 변경

버튼을 클릭해 임의의 얼굴과 다리 모양이 선택되도록 하여
캐릭터의 모양을 변경

✅ 사용할 주요 블록

명령 블록	설명
다음▼ 모양으로 바꾸기	오브젝트의 모양을 선택한 모양으로 바꿉니다.
대상없음▼ 신호 보내기	선택한 신호를 보냅니다.
0 부터 10 사이의 무작위 수	입력한 두 수 사이에서 임의의 수를 추출합니다.

1 버튼을 클릭할 때마다 신호 보내기

① [실습파일]-[09차시]에 있는 '**캐릭터꾸미기.ent**'를 열고 신호를 만들기 위해 **[속성] 탭-[신호]-[신호 추가하기]**
를 선택하여 '**얼굴**', '**다리**', '**장식**', '**만들기**' 신호를 각각 추가합니다.

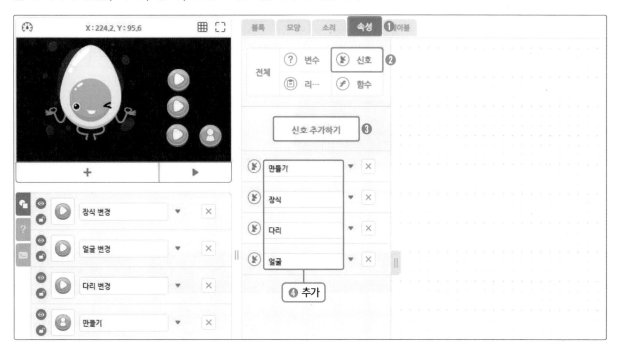

② 버튼을 클릭하면 모양이 변경될 오브젝트에 신호를 보내기 위해 '**장식 변경**' 오브젝트를 선택하고 **[블록] 탭**을 선
택합니다. 이어서 ┌─┐의 ⌜오브젝트를 클릭했을 때⌝를 추가한 후 ⌜만들기▼ 신호 보내기⌝를 연결하고 신호를 '**장식**'으로 지정합
니다.

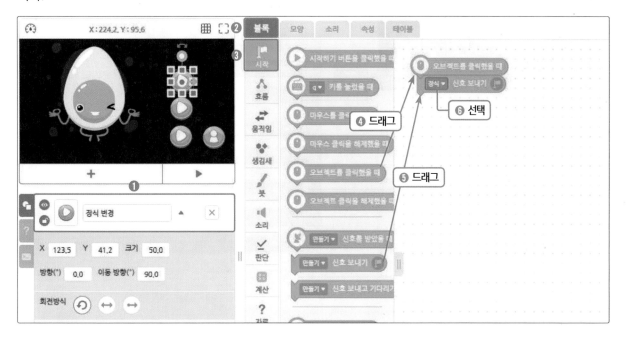

③  에서 [마우스 오른쪽 버튼]-[코드 복사]를 선택하고 '얼굴 변경' 오브젝트를 선택한 후 [마우스 오른쪽 버튼]-[붙여넣기]를 선택합니다. 이어서 신호를 '얼굴'로 지정합니다.

④ 같은 방법으로 '다리 변경'과 '만들기' 오브젝트를 선택하고 [마우스 오른쪽 버튼]-[붙여넣기]를 선택한 후 신호를 각각 '다리'와 '만들기'로 지정합니다.

▲ '다리 변경' 오브젝트　　　　▲ '만들기' 오브젝트

② 캐릭터 모양 바꾸기

① 오브젝트가 신호를 받으면 모양을 변경하기 위해 '장식1' 오브젝트를 선택하고 [시작]의 [만들기▼ 신호를 받았을 때]를 추가한 후 신호를 '장식'으로 지정합니다. 이어서 [생김새]의 [모양 보이기]와 [다음▼ 모양으로 바꾸기]를 연결합니다.

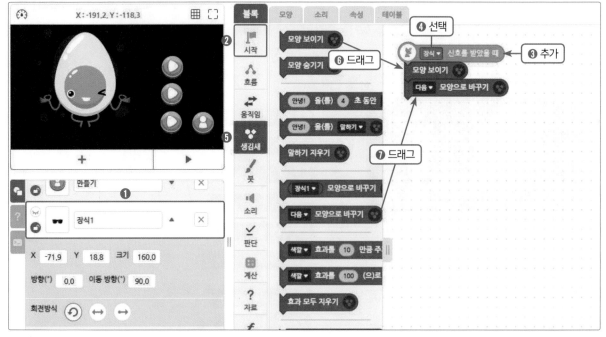

 '장식1' 오브젝트는 장면에서 보이지 않도록 지정되어 있습니다.

❷ '**얼굴1**' 오브젝트를 선택하고 🏁의 🐰 만들기▼ 신호를 받았을 때 를 추가한 후 신호를 '**얼굴**'로 지정하고 👾의 다음▼ 모양으로 바꾸기 👾 를 연결합니다.

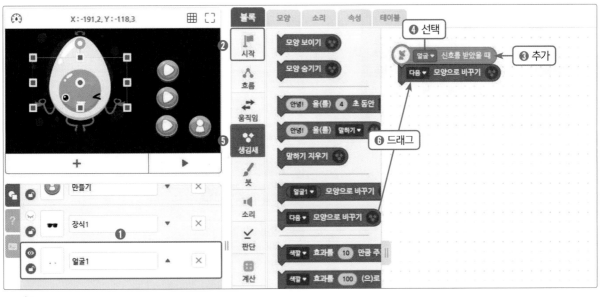

💡 예제에는 장식 모양은 2가지, 얼굴과 다리 모양은 각각 6가지 모양으로 구성되어 있습니다.

❸ 🐰 만들기▼ 신호를 받았을 때 에서 [**마우스 오른쪽 버튼**]-[**코드 복사**]를 선택하고 '**다리1**' 오브젝트를 선택한 후 [**마우스 오른쪽 버튼**]-[**붙여넣기**]를 선택합니다. 이어서 신호를 '**다리**'로 지정합니다.

❹ '만들기' 신호를 받으면 다음 모양으로 계속 바뀌게 만들기 위해 '**얼굴1**' 오브젝트를 선택하고 🏁의 🐰 만들기▼ 신호를 받았을 때 를 추가한 후 신호를 '**만들기**'로 지정합니다. 이어서 🔁의 10 번 반복하기 를 연결하고 횟수를 '**12**'로 지정합니다.

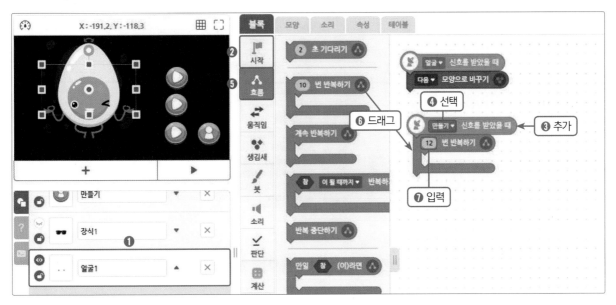

⑤ 의 2 초 기다리기 를 반복 블록 안에 연결하고 초를 '**0.1**'초를 지정한 후 생김새 의 다음▼ 모양으로 바꾸기 를 연결합니다.

⑥ 1부터 6까지의 모양 중에 임의의 모양으로 변경하기 위해 생김새 의 얼굴1▼ 모양으로 바꾸기 를 연결하고 계산 의
0 부터 10 사이의 무작위 수 를 끼워 넣은 후 숫자를 '**1**'부터 '**6**' 사이로 지정합니다.

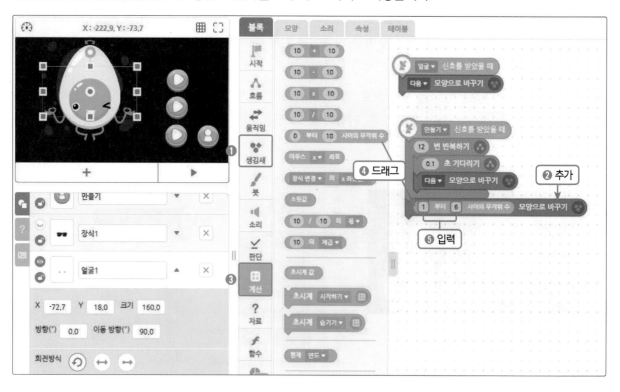

⑦ 만들기▼ 신호를 받았을 때 에서 [**마우스 오른쪽 버튼**]-[**코드 복사**]를 선택하고 '**다리1**' 오브젝트를 선택한 후 [**마우스 오른쪽 버튼**]-[**붙여넣기**]를 선택합니다.

실습파일 : 다이어리꾸미기.ent   완성파일 : 다이어리꾸미기(완성).ent

01 원하는 아이콘 모양으로 다이어리를 꾸미고 싶어요. 버튼을 클릭하면 '스마일1' 오브젝트의 모양이 바뀌고, 임의의 모양으로 변경되고, 처음부터 다시 시작되도록 코드를 완성해 보세요.

'닫기 버튼', '시작 버튼', '새로고침 버튼' 오브젝트

❶ 오브젝트를 클릭했을 때   ➡
❷ '지우기', '표정', '랜덤' 신호 보내기

'스마일1' 오브젝트

❶ '표정' 신호를 받았을 때   ➡
❷ '다음' 모양으로 바꾸기

❶ '지우기' 신호를 받았을 때   ➡
❷ 처음부터 다시 실행하기

❶ '랜덤' 신호를 받았을 때   ➡   ❷
❸~❹를 '18'번 반복하기   ➡   ❸ '다음' 모양으로 바꾸기   ➡   ❹ '0.1'초 기다리기   ➡   ❺ '1'부터 '6' 사이의 무작위 수   ➡   ❻ 모양으로 바꾸기

예제에는 '지우기', '표정', '랜덤' 신호가 미리 추가되어 있으며 '스마일1' 오브젝트는 6개의 모양으로 구성되어 있습니다.

02 '스마일1' 오브젝트를 클릭했을 때 마우스를 따라다니고 클릭을 해제했을 때 도장 찍기를 실행해 아이콘 모양을 원하는 곳에 도장 찍기를 할 수 있도록 코드를 완성해 보세요.

❶ 오브젝트를 클릭했을 때   ➡
❷ 계속 반복하기   ➡   ❸ '마우스 포인터' 위치로 이동하기
❶ 오브젝트 클릭을 해제했을 때   ➡
❷ 도장 찍기

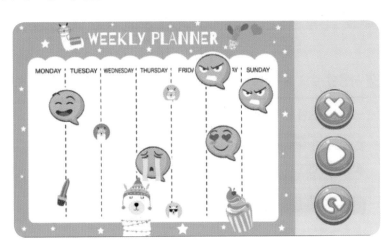

아폴로 11호 타고 달 착륙하기

우주에 관심이 많고 우주선 조종사가 되고 싶은 민수는 세계 최초로 달에 착륙한 아폴로 11호를 타보고 싶었어요. 타임머신을 타고 아폴로 11호가 발사되는 때로 이동해 닐 암스트롱과 함께 우주선을 타고 이륙해 보아요.

학습목표
▸ 초시계를 이용해 카운트다운을 할 수 있습니다.
▸ 신호를 받아 우주선이 폭발하는 모양을 만들 수 있습니다.
▸ 두 개의 조건을 모두 만족할 때 신호를 보낼 수 있습니다.

실습파일 : 우주선 발사.ent   **완성파일** : 우주선 발사(완성).ent

미션 미리보기

안전하게 우주선을 이륙시키기 위해 카운트다운에 잘 맞춰 엔진을 점화해야 합니다. 초시계가 시작되고 9초에서 11초 사이에 우주선을 클릭하면 엔진이 점화되면서 위로 이동하고 11초가 지나면 우주선이 폭발하도록 코드를 완성해 보세요.

| 초시계를 시작하고 숨긴 후 9초에서 11초 사이에 오브젝트를 클릭하면 이륙하는 모양으로 바꾸고 위로 이동 | 9초에서 11초 사이 이외의 시간에 오브젝트를 클릭하면 폭발 신호를 보내 우주선이 폭발하는 모양으로 변경 |

✅ 사용할 주요 블록

명령 블록	설명
참 그리고▼ 참	두 조건이 모두 참일 때 참으로 판단합니다.
참 또는▼ 거짓	두 조건 중 하나만 참이어도 참으로 판단합니다.
초시계 시작하기▼	초시계를 시작하거나 멈춥니다.
초시계 숨기기▼	초시계를 숨기거나 표시합니다.
이▼ 코드 멈추기	해당 블록이 연결되어 있는 블록들의 실행을 멈춥니다.

1 초시계 시작하고 우주선 이륙시키기

❶ [실습파일]-[10차시]에 있는 '**우주선 발사.ent**'를 열고 폭발했을 때 보낼 신호를 만들기 위해 '**우주발사대**' 오브젝트를 선택한 후 [속성] 탭-[신호]-[신호 추가하기]를 클릭해 '**폭발**' 신호를 만듭니다.

❷ 시작하기 버튼을 클릭하면 초시계를 시작하기 위해 '**우주선1**' 오브젝트를 선택하고 [블록] 탭에서 의 시작하기 버튼을 클릭했을 때 를 추가합니다.

❸ 이어서 의 초시계 시작하기▼ , 초시계 숨기기▼ 를 차례로 연결합니다.

 초시계를 보지 않고 카운트다운을 해서 우주선을 발사해야 하기 때문에 초시계를 숨깁니다.

④ 시작하기 버튼을 클릭하고 9초에서 11초 사이에 클릭하여 우주선이 무사히 발사되도록 조건을 만들기 위해 [시작]의 ▶[시작하기 버튼을 클릭했을 때]를 새로 추가하고 [흐름]의 [계속 반복하기]를 연결합니다.

⑤ 이어서 [흐름]의 [만일 참 이라면]을 반복 블록 안에 연결하고 [판단]의 ◁참 그리고▼ 참▷을 조건에 끼워 넣습니다.

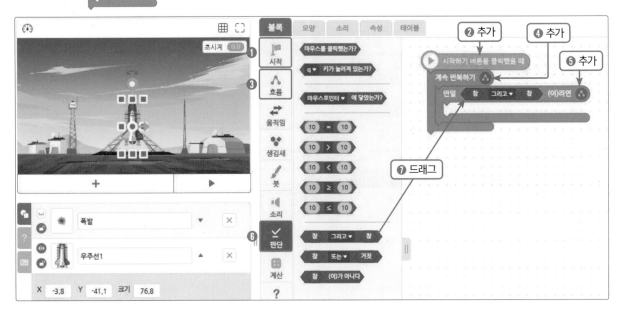

⑥ 초시계 값이 9보다 크고 11보다 작을 때 조건을 만들기 위해 첫 번째 조건에 [판단]의 ◁10 > 10▷을 끼워 넣고 첫 번째 값에는 [계산]의 ◁초시계 값▷을 끼워 넣은 후 두 번째 값에는 '**9**'를 지정합니다.

⑦ 이어서 두 번째 조건에 [판단]의 ◁10 < 10▷을 끼워 넣고 첫 번째 값에는 [계산]의 ◁초시계 값▷을 끼워 넣은 후 두 번째 값에는 '**11**'을 지정합니다.

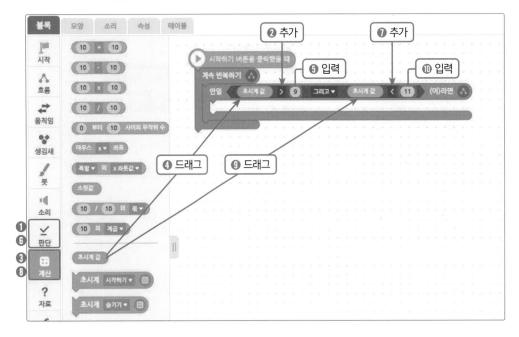

❽ 해당 시간 사이에서 클릭했을 때 초시계를 정지하기 위해 [흐름]의 ⟨만일 참 이라면⟩을 조건 블록 안에 연결하고 [판단]의 ⟨마우스를 클릭했는가?⟩를 조건에 끼워 넣습니다. 이어서 [계산]의 ⟨초시계 시작하기▼⟩를 조건 블록 안에 연결하고 초시계를 '**정지하기**'로 지정합니다.

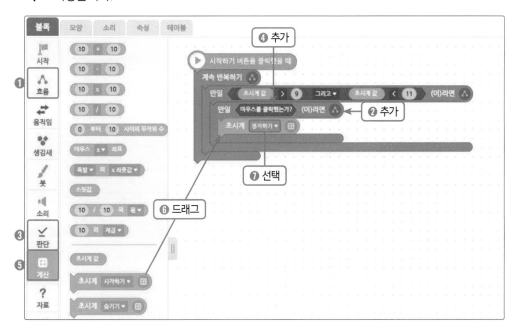

❾ 오브젝트를 발사되는 모양으로 변경하고 위쪽으로 이동시키기 위해 [흐름]의 ⟨2 초 기다리기⟩를 연결하고 초를 '**1**'로 지정한 후 [생김새]의 ⟨다음▼ 모양으로 바꾸기⟩를 연결합니다.

❿ 이어서 [움직임]의 ⟨2 초 동안 x: 10 y: 10 만큼 움직이기⟩를 연결하고 초를 '**9**'로, x를 '**0**', y를 '**170**'으로 지정합니다.

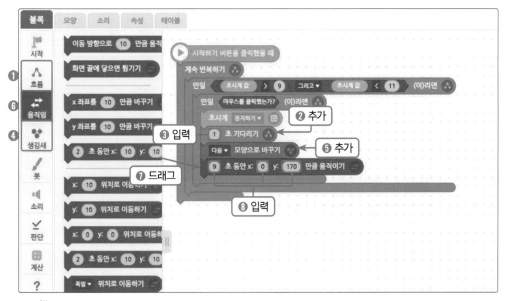

 초시계 값이 9보다 크고 11보다 작을 때 마우스를 클릭했다는 세 가지 조건에 만족한다면 초시계를 정지하고 모양을 바꾼 후 위로 이동하는 코드입니다. 즉, 9~11초 사이에 클릭했을 때 정상적으로 우주선을 발사시키는 코드입니다.

⓫ 조건 블록 위에서 **[마우스 오른쪽 버튼]-[코드 복사&붙여넣기]**를 선택하고 복사된 블록을 연결한 후 조건 블록 안의 블록들을 삭제합니다.

⓬ 초시계 값 조건을 **9 이하(≤9)**, **11 이상(≥11)**일 때로 지정하고 조건을 '**또는**'으로 지정합니다.

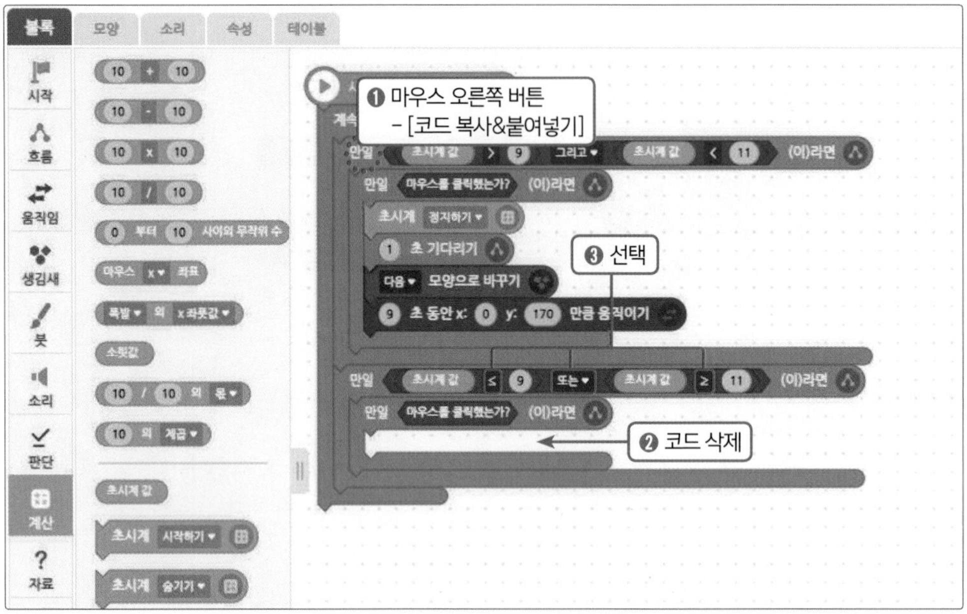

⓭ 조건에 맞았을 때 신호를 보내고 코드를 멈추기 위해 [시작]의 [폭발▾ 신호 보내기]를 조건 블록 안에 연결하고 [흐름]의 [모든▾ 코드 멈추기]를 연결한 후 '모든'을 '**이**'로 지정합니다.

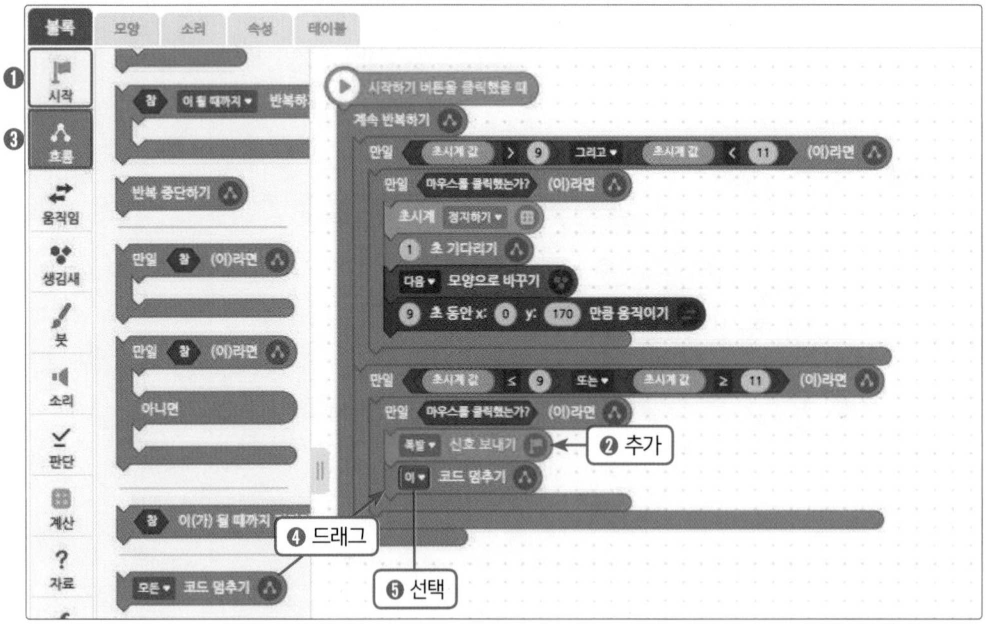

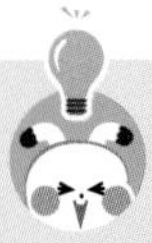

초시계 값이 9 이하이거나 11 이상일 때 마우스를 클릭했다면 우주선을 폭발하는 신호를 보내고 연결된 블록들의 실행을 멈춥니다. 즉, 9~11초 사이가 아닐 때 클릭하면 우주선을 폭발시킵니다.

우주선 폭발 장면 만들기

❶ 9~11초 사이가 아닐 때 클릭하면 우주선을 폭발하는 장면을 만들기 위해 **'폭발'** 오브젝트를 선택하고 _{시작}의 _{폭발▼ 신호를 받았을 때}를 추가하고 _{생김새}의 _{모양 보이기}를 연결합니다.

💡 예제에는 '폭발' 오브젝트가 장면에서 보이지 않도록 지정되어 있습니다.

❷ 폭발하는 장면을 만들기 위해 _{흐름}의 _{계속 반복하기}를 연결하고 _{흐름}의 _{2 초 기다리기}를 반복 블록 안에 연결한 후 초를 '1'로 지정하고 _{생김새}의 _{다음▼ 모양으로 바꾸기}를 연결합니다.

💡 예제에는 '폭발' 오브젝트에 작은 폭발 모양과 큰 폭발 모양이 구성되어 있어 계속 다음 모양으로 바꾸면 폭발하는 장면처럼 보입니다.

실습파일 : 우주보행.ent   완성파일 : 우주보행(완성).ent

01 달에 착륙한 민수가 우주로 벗어나지 않고 달에서 걸어 다닐 수 있도록 만들어 주세요. 초시계를 시작하고 장면에서 숨기는 코드를 완성해 보세요.

'우주' 오브젝트

❶ 시작하기 버튼을 클릭했을 때 ➜
❷ 초시계 '시작하기' ➜ ❸ 초시계 '숨기기'

02 보행하는 데 걸리는 시간이 5초가 넘고 스페이스 키를 눌렀을 때 우주로 벗어나지 않도록 이동 방향을 바꿔 주세요. 만약, 위쪽 벽에 닿으면 모든 코드를 멈추도록 코드를 완성해 보세요.

'우주인' 오브젝트

❶ 시작하기 버튼을 클릭했을 때 ➜
❷ ❸~⑮를 계속 반복하기 ➜
❸ 이동 방향으로 '5'만큼 움직이기
➜ ❹ 화면 끝에 닿으면 튕기기 ➜
❺ 만일 ➜ ❻ '초시계 값'이 ➜
❼ '5'보다 크고 ➜ ❽ 그리고 ➜
❾ '스페이스' 키가 눌러져 있다면
➜ ❿ 이동 방향을 '135'로 정하기
➜ ⓫ 초시계 '초기화하기' ➜
⓬ 만일 ➜ ⓭ '위쪽 벽'에 닿았다
면 ➜ ⓮ '모든' 코드 멈추기 ➜
⓯ '0.1'초 기다리기

예제에는 '우주인' 오브젝트의 이동 방향이 '45'로 지정되어 있습니다.

뉴턴에게 배우는 진자 운동

과학과 탐구에 관심이 많은 석현이는 뉴턴을 만나고 싶었어요. 타임머신을 타고 뉴턴이 살던 시대로 이동한 석현이는 진자 운동 실험을 하고 있는 뉴턴을 만났어요. 뉴턴과 함께 진자 운동이 어떻게 움직이는지 함께 확인해 보아요.

학습목표
▸ 질문을 입력하고 대답을 받을 수 있습니다.
▸ 대답을 활용해 오브젝트를 이동할 수 있습니다.
▸ 신호를 보내 애니메이션을 연결시킬 수 있습니다.

실습파일 : 진자운동.ent　　**완성파일** : 진자운동(완성).ent

미션 미리보기

진자 운동을 할 오브젝트의 높이를 입력받아 입력받은 값만큼 오브젝트를 회전시킵니다. 해당 값만큼 양쪽 끝에 있는 오브젝트를 반대로 회전시켜 진자 운동을 하는 애니메이션을 만들어 보세요.

☑ 사용할 주요 블록

명령 블록	설명
안녕! 을(를) 묻고 대답 기다리기	입력한 글자를 말풍선으로 묻고 대답을 입력받습니다.
대답 숨기기	대답을 장면에서 숨기거나 표시합니다.
방향을 90° 만큼 회전하기	오브젝트를 입력한 값만큼 회전합니다.
10 번 반복하기	입력한 횟수만큼 안쪽에 연결된 블록들을 반복해서 실행합니다.

① 움직이는 각도 입력받기

① [실습파일]–[11차시]에 있는 '**진자운동.ent**'를 열고 신호를 만들기 위해 **[속성] 탭–[신호]–[신호 추가하기]**를 선택한 후 '**1번 볼**'과 '**2번 볼**' 신호를 추가합니다.

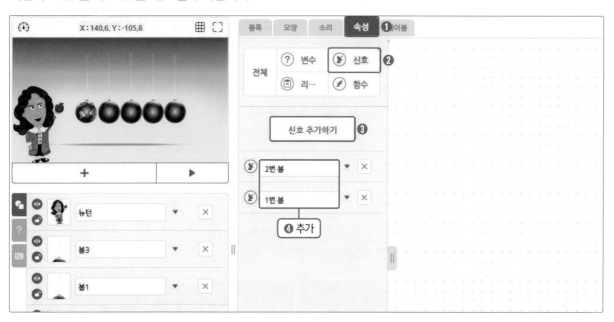

② 장면에서 대답을 보이지 않도록 숨기기 위해 '**볼1**' 오브젝트를 선택하고 **[블록] 탭**을 선택합니다. 이어서 시작 의 시작하기 버튼을 클릭했을 때 를 추가하고 자료 의 대답 숨기기 ▾ ? 를 연결합니다.

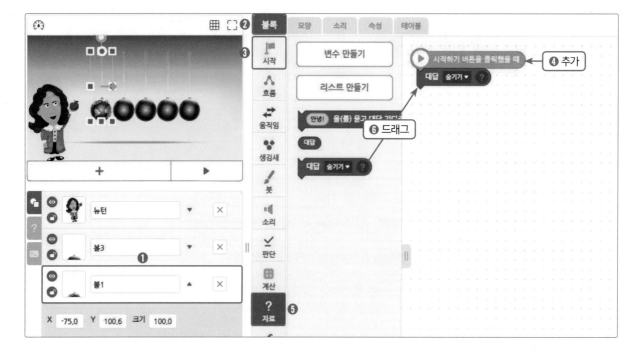

❸ 질문을 하고 답을 받은 후 신호를 보내기 위해 [？자료]의 [안녕! 을(를) 묻고 대답 기다리기 ？]를 연결하고 글자를 "**높이를 입력하세요.**"로 입력한 후 [시작]의 [2번 볼▼ 신호 보내기 ▶]를 연결하고 신호를 '**1번 볼**'로 지정합니다.

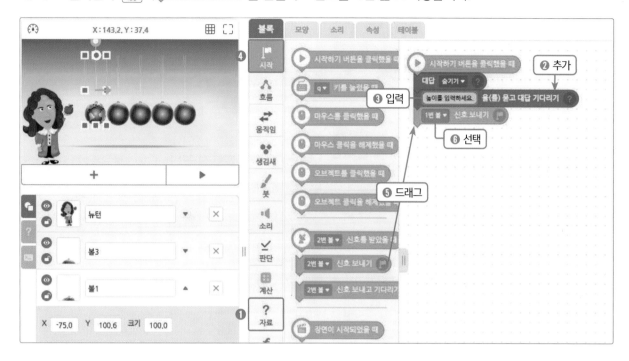

② 볼을 움직여 진자 운동 효과 만들기

❶ 볼을 움직이기 위해 [시작]의 [2번 볼▼ 신호를 받았을 때]를 추가하고 신호를 '**1번 볼**'로 지정한 후 [호름]의 [10 번 반복하기 ∧]를 연결합니다.

❷ 대답을 받은 횟수만큼 반복해서 볼을 움직이기 위해 [계산]의 (10 / 10)을 횟수에 끼워 넣고 두 번째 값에는 '2'를 지정한 후 첫 번째 값에는 [자료]의 (대답)을 끼워 넣습니다. 이어서 [움직임]의 (방향을 90° 만큼 회전하기)를 반복 블록 안에 연결하고 값을 '2'로 지정합니다.

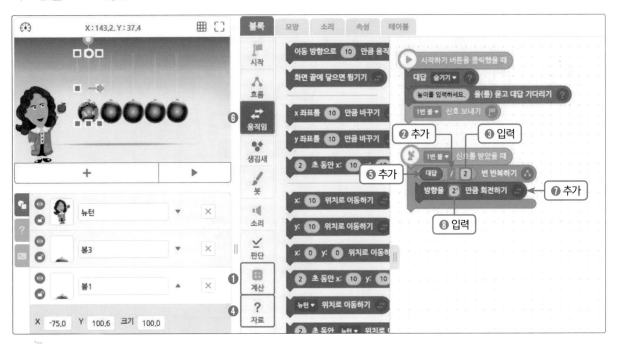

 대답을 2로 나누는 이유는 방향을 2만큼 회전하므로 입력한 수치만큼 회전시키기 위해서입니다. 방향을 1만큼 회전시키면 볼이 천천히 움직이게 되므로 2만큼 회전시킵니다.

❸ (대답 / 2 번 반복하기)에서 [마우스 오른쪽 버튼]-[코드 복사&붙여넣기]를 선택하고 블록을 아래에 연결한 후 방향 값을 '-2'로 지정합니다.

왼쪽으로 입력한 값만큼 회전시켰다가 다시 원래 위치로 회전하도록 만듭니다.

④ 반대편에 있는 볼을 움직이도록 신호를 보내기 위해 █의 2번볼▼ 신호 보내기 █를 연결하고 신호를 '**2번 볼**'로 지정합니다. 1번볼▼ 신호를 받았을 때 에서 [**마우스 오른쪽 버튼**]-[**코드 복사**]를 선택합니다.

⑤ '**볼3**' 오브젝트를 선택한 후 [**마우스 오른쪽 버튼**]-[**붙여넣기**]를 선택합니다. 첫 블록의 신호를 '**2번 볼**'로, 방향을 '**-2**'와 '**2**'로, 마지막 블록의 신호를 '**1번 볼**'로 각각 지정합니다.

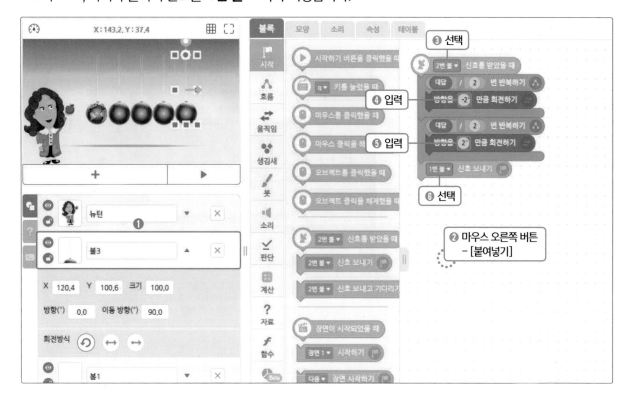

실습파일 : 방탈출게임.ent   완성파일 : 방탈출게임(완성).ent

01 친구들과 방탈출 게임을 시작해 보세요. 방을 탈출할 수 있는 힌트를 찾기 위해 물건을 클릭할 때마다 물건들이 움직이고 힌트가 숨겨져 있는 물건을 클릭하면 문제가 나타나면서 값을 입력받을 수 있도록 코드를 완성해 보세요.

'항아리', '커피잔', '빗자루', '시계', '의자', '가구' 오브젝트

❶ 오브젝트를 클릭했을 때 ➡
❷ 방향을 '10'만큼 회전하기 ➡
❸ '0.1'초 기다리기 ➡ ❹ 방향을 '-10'만큼 회전하기

'접시' 오브젝트

❶ 오브젝트를 클릭했을 때 ➡
❷ "미국에서 위험할 때 전화를 거는 번호는?"을 묻고 대답 기다리기

02 입력한 대답이 정답인 '911'과 같으면 방을 탈출할 수 있다는 말을 하도록 코드를 완성해 보세요.

❶ 시작하기 버튼을 클릭했을 때 ➡
❷ 대답 '숨기기' ➡ ❸ ❹~❼을 계속 반복하기 ➡ ❹ 만일 ➡
❺ '대답'이 ➡ ❻ '911'과 같다면 ➡ ❼ "축하합니다. 유령방을 탈출하셨습니다"를 '4'초 동안 말하기

세종대왕이 내는 한글 퀴즈 맞히기

12

한글날을 맞이해 기영이는 한글이 어떻게 만들어졌는지 궁금해졌어요. 타임머신을 타고 세종대왕을 만나러 조선시대로 이동했어요. 한글 창제에 대해 세종대왕이 낸 문제를 모두 맞히면 집현전을 방문할 수 있는 기회가 생긴데요. 여러분이 기영이를 도와 문제를 함께 풀어 주세요.

▸ 질문을 묻고 대답을 기다릴 수 있습니다.
▸ 대답과 정답을 비교해 글상자 오브젝트에 결과를 표시할 수 있습니다.
▸ 신호를 보내 다음 문제가 보이도록 만들 수 있습니다.

실습파일 : 한글퀴즈.ent   **완성파일** : 한글퀴즈(완성).ent

미션 미리보기

세종대왕이 문제를 내고 답을 입력하여 답이 맞는지에 따라 계속 문제를 풀거나 다음 문제를 풀 수 있도록 코드를 완성합니다.

✅ 사용할 주요 블록

명령 블록	설명
안녕! 을(를) 묻고 대답 기다리기	입력한 글자를 말풍선으로 묻고 대답을 입력받습니다.
대상없음 ▾ 신호 보내기	선택한 신호를 보냅니다.
엔트리 라고 글쓰기	글상자의 내용을 입력한 글자로 표시합니다.

① [실습파일]-[12차시]에 있는 **'한글퀴즈.ent'**를 열고 다음 문제를 출제할 신호를 만들기 위해 **[속성] 탭-[신호]-[신호 만들기]**를 클릭해 **'2번 문제'**와 **'3번 문제'** 신호를 추가합니다.

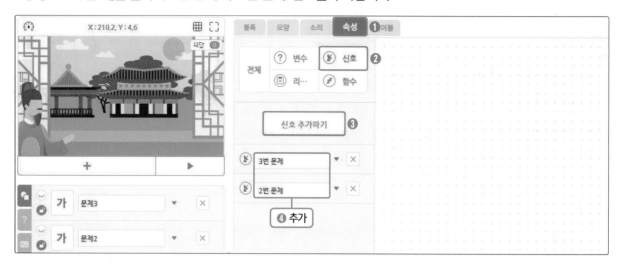

② 문제를 묻고 답을 기다리기 위해 **'문제1'** 오브젝트를 선택하고 **[블록] 탭**에서 ▷시작▷의 ▷시작하기 버튼을 클릭했을 때▷를 추가한 후 ▷흐름▷의 ▷계속 반복하기▷를 연결합니다.

③ 반복 블록 안에 ▷자료▷의 ▷안녕! 을(를) 묻고 대답 기다리기▷를 연결하고 질문을 **"한글을 만든 왕의 이름은?"**으로 입력한 후 ▷생김새▷의 ▷모양 보이기▷를 연결합니다.

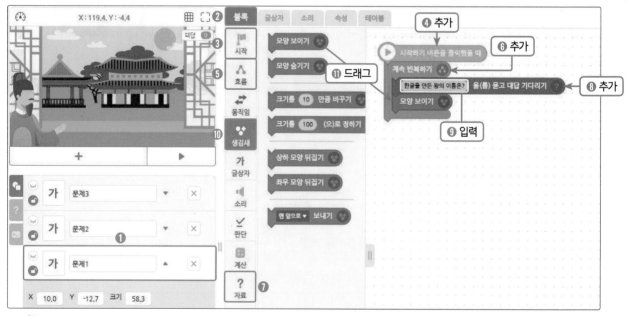

 예제에는 '문제1', '문제2', '문제3' 오브젝트가 장면에서 보이지 않도록 미리 지정되어 있습니다.

❹ 입력한 대답과 정답을 비교하기 위해 [호름]의 만일 참 이라면 아니면 을 연결하고 [판단]의 10 = 10 을 조건에 끼워 넣습니다. 이어서 왼쪽 값에는 [자료]의 대답 을 끼워 넣고 오른쪽 값에는 **"세종대왕"**을 입력합니다.

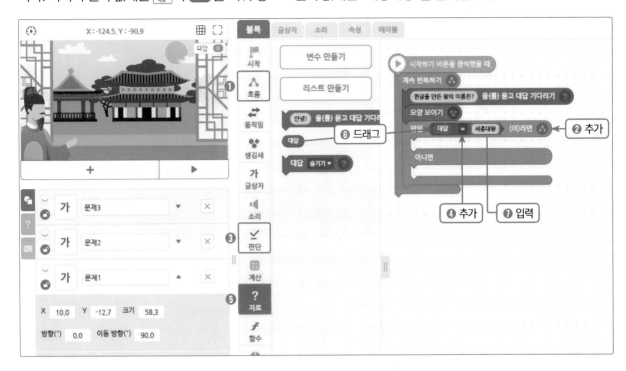

❺ 입력한 대답과 정답이 같다면 글상자에 글을 표시하기 위해 [글상자]의 엔트리 라고 글쓰기 를 참 조건 블록 안에 연결하고 **"정답입니다."**를 입력한 후 [호름]의 2 초 기다리기 를 연결하고 초를 '1'로 지정합니다.

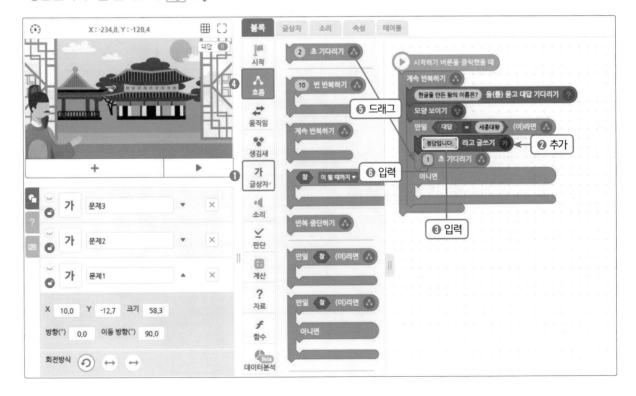

❻ 정답을 맞혔으므로 2번 문제를 출제하기 위해 📍시작 의 3번문제▼ 신호 보내기 ⚑ 를 연결하고 신호를 '**2번 문제**'로 지정한 후 💠생김새 의 모양 숨기기 💠 를 연결합니다.

❼ 2번 문제가 출제되면 1번 문제의 코드를 멈추기 위해 🔼흐름 의 모든▼ 코드 멈추기 🔼 를 연결하고 코드를 '**이**'로 지정합니다.

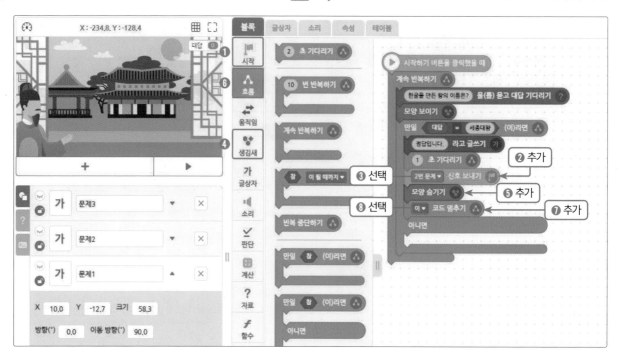

❽ 입력한 대답과 정답이 다를 경우 다시 1번 문제를 풀 수 있도록 만들기 위해 가글상자 의 엔트리 라고 글쓰기 가 를 거짓 조건 블록 안에 연결하고 "**틀렸습니다.**"를 입력한 후 🔼흐름 의 2 초 기다리기 🔼 를 연결하고 초를 '1'로 지정합니다. 이어서 💠생김새 의 모양 숨기기 💠 를 연결합니다.

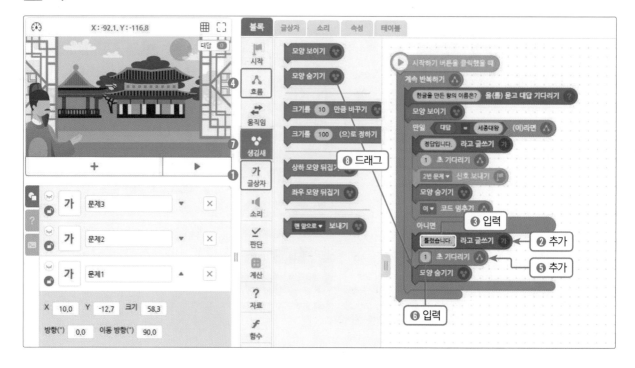

② 다음 문제를 추가로 출제하고 답 입력받기

❶ 1번 문제의 답을 맞혀 2번 문제를 풀기 위해 반복 블록에서 **[마우스 오른쪽 버튼]–[코드 복사]**를 선택하고 **'문제2'** 오브젝트를 선택한 후 **[마우스 오른쪽 버튼]–[붙여넣기]**를 선택합니다.

❷ 반복 블록 위에 🏳의 🐵 `3번 문제 ▼ 신호를 받았을 때` 를 연결하고 받은 신호를 **'2번 문제'**로 지정한 후 질문을 **"한글을 처음에 부르던 이름은?"**으로, 대답을 **"훈민정음"**으로, 신호를 **'3번 문제'**로 지정합니다.

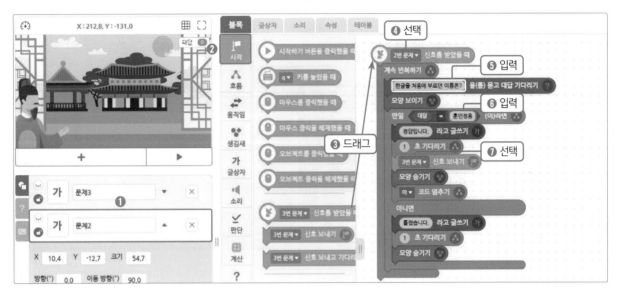

❸ 3번 문제를 풀기 위해 🐵 `2번 문제 ▼ 신호를 받았을 때` 에서 **[마우스 오른쪽 버튼]–[코드 복사]**를 선택하고 **'문제3'** 오브젝트를 선택한 후 **[마우스 오른쪽 버튼]–[붙여넣기]**를 선택합니다.

❹ 받은 신호를 **'3번 문제'**로, 질문을 **"한글 중 발성기관의 모양을 본따 만든 것은?"**으로, 대답을 **"자음"**으로, 참 조건의 글을 **"축하합니다. 문제를 모두 풀었습니다."**로 입력한 후 `1 초 기다리기` `3번 문제 ▼ 신호 보내기` `모양 숨기기` 블록을 삭제합니다.

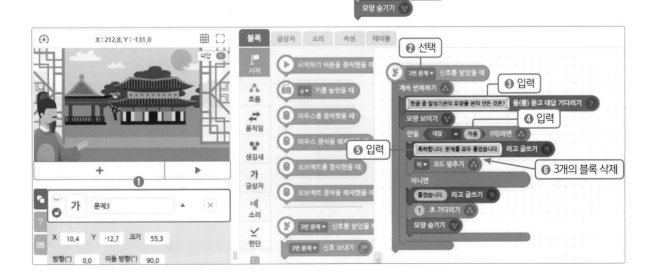

실습파일 : 쿵쿵따.ent   완성파일 : 쿵쿵따(완성).ent

01 쿵쿵따 게임을 만들어 보려고 합니다. 글상자 오브젝트에 "쿵쿵따"가 표시되고 단어를 입력받아 글상자 오브젝트에 단어를 표시한 후 다시 "쿵쿵따"가 표시되도록 코드를 완성해 보세요.

'글상자' 오브젝트

❶ 시작하기 버튼을 클릭했을 때 ➜ ❷ "쿵쿵따~쿵쿵따~"라고 글쓰기 ➜ ❸ "세 글자 단어를 입력하세요"를 묻고 대답 기다리기 ➜ ❹ 대답 ➜ ❺ 라고 글쓰기 ➜ ❻ '1'초 기다리기 ➜ ❼ "쿵쿵따~쿵쿵따~"라고 글쓰기

02 입력한 글자가 3글자이면 마지막 글자 1자를 표시하고 입력한 대답을 글상자 오브젝트에 표시한 후 다시 "쿵쿵따"가 표시되도록 코드를 완성해 보세요.

❶ ❷~⑮를 계속 반복하기 ➜ ❷ 만일 ➜ ❸ 대답 ➜ ❹ 의 글자 수가 ➜ ❺ 3이라면 ➜ ❻ 대답 ➜ ❼ 의 '3' 번째 글자 ➜ ❽ 를 묻고 대답 기다리기 ➜ ❾ 대답 ➜ ❿ 라고 글쓰기 ➜ ⑪ '1'초 기다리기 ➜ ⑫ "쿵쿵따~쿵쿵따~"라고 글쓰기 ➜ ❷ 아니면 ➜ ⑬ "세 글자 아님!!"라고 글쓰기 ➜ ⑭ '1'초 기다리기 ➜ ⑮ 반복 중단하기

에디슨에게 전기의 원리 배우기

과학자가 꿈인 진규는 에디슨을 만나 전기를 어떻게 발명했는지 물어보고 싶어졌어요. 타임머신을 타고 에디슨이 전기 실험을 하는 시대로 이동해 에디슨을 드디어 만나게 되었어요. 스위치를 동작해 전기를 켜고 끄는 원리를 에디슨에게 배워 봐요.

학습목표
▸ 변수를 만들어 값을 비교할 수 있습니다.
▸ 변수에 임의의 값을 저장할 수 있습니다.
▸ 투명도 효과를 이용해 오브젝트를 투명하게 만들 수 있습니다.

실습파일 : 전등켜기.ent   **완성파일** : 전등켜기(완성).ent

미션 미리보기

변수를 이용해 전기 스위치가 켜지고 꺼졌는지 모양을 바꾸고 전기가 켜지면 투명도 효과를 이용해 오브젝트를 투명하게 만들어 전기가 들어온 것처럼 밝게 만들어 보세요.

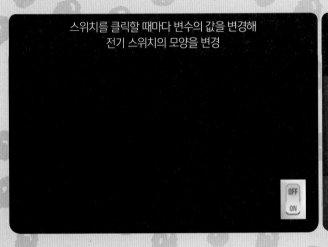

스위치를 클릭할 때마다 변수의 값을 변경해 전기 스위치의 모양을 변경

스위치가 켜지면 오브젝트의 투명도를 조절해 뒤쪽 그림이 보이도록 하고 다시 스위치를 끄면 어두워지도록 투명도 조절

☑ 사용할 주요 블록

명령 블록	설명
투명도 ▾ 효과를 0 (으)로 정하기	투명도 효과를 입력한 값만큼 정하여 오브젝트를 투명하게 만들 수 있습니다.
on ▾ 모양으로 바꾸기	오브젝트의 모양을 선택한 모양으로 변경합니다.
스위치 ▾ 를 1 (으)로 정하기	선택한 변수의 값을 입력한 값으로 정합니다.

❶ [실습파일]-[13차시]에 있는 '**전등켜기.ent**'를 열고 신호를 만들기 위해 **[속성] 탭-[신호]-[신호 추가하기]**를 클릭해 '**켜기**'와 '**끄기**' 신호를 추가합니다.

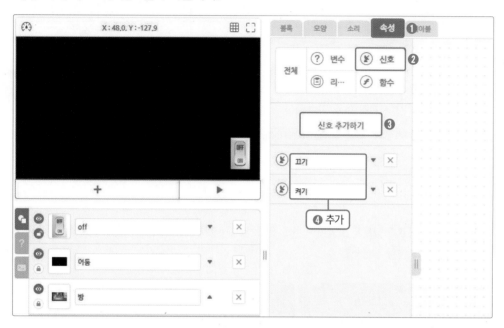

❷ 켜지고 꺼진 것을 확인하는 변수를 만들기 위해 **[속성] 탭-[변수]-[변수 추가하기]**를 선택하고 '**스위치**' 변수를 추가한 후 ◉를 클릭해 장면에서 변수를 숨깁니다.

② 투명도를 조절해 불을 켜고 끄는 효과 만들기

❶ '끄기' 신호를 받으면 검은색 오브젝트를 불투명하게 하기 위해 '**어둠**' 오브젝트를 선택합니다. [**블록**] 탭에서 [시작]의 (끄기▼ 신호를 받았을 때)를 추가하고 신호를 '**끄기**'로 지정한 후 [생김새]의 (색깔▼ 효과를 100 (으)로 정하기)를 연결하고 효과를 '**투명도**'로, 값을 '**0**'으로 지정합니다.

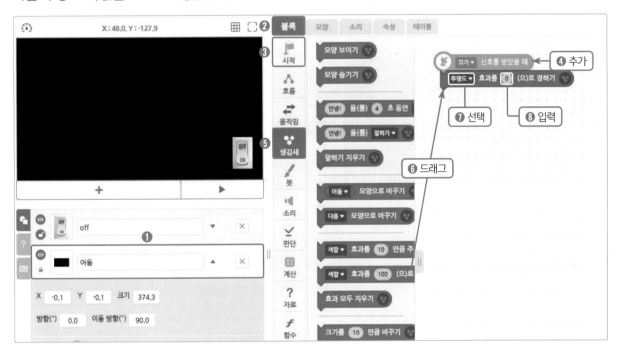

❷ '켜기' 신호를 받으면 검은색 오브젝트를 투명하게 하기 위해 [시작]의 (끄기▼ 신호를 받았을 때)를 새로 추가하고 신호를 '**켜기**'로 지정한 후 [생김새]의 (색깔▼ 효과를 100 (으)로 정하기)를 연결하고 효과를 '**투명도**'로, 값을 '**100**'으로 지정합니다.

스위치를 켜고 끄기

① 스위치를 켜고 끄는 것을 판단하기 위해 'off' 오브젝트를 선택하고 [시작]의 [오브젝트를 클릭했을 때]를 추가한 후 [흐름]의 [만일 참 이라면] [아니면] 을 연결합니다.

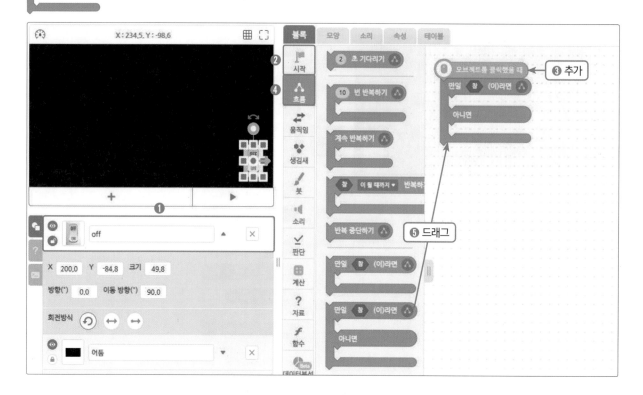

② 스위치 값이 0인지 비교하기 위해 [판단]의 ⟨10 = 10⟩ 을 조건에 끼워 넣은 후 첫 번째 값에는 [자료]의 [스위치 ▾ 값] 을, 두 번째 값에는 '0'을 지정합니다.

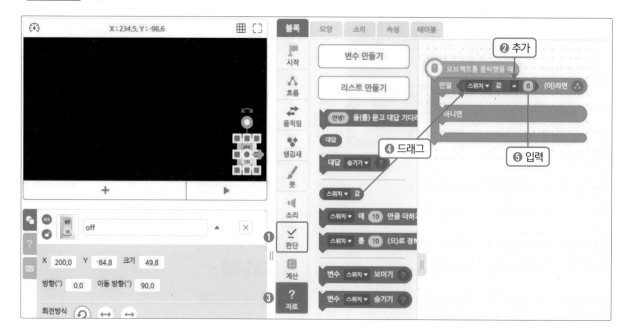

③ 신호를 보내고 변수의 값을 스위치가 켜진 값으로 변경하기 위해 [시작]의 [끄기▼ 신호 보내기]를 참 조건 블록 안에 연결하고 신호를 '**켜기**'로 지정한 후 [생김새]의 [off▼ 모양으로 바꾸기]를 연결하고 모양을 '**on**'으로 지정합니다. 이어서 [자료]의 [스위치▼ 를 10 (으)로 정하기]를 연결하고 값을 '**1**'로 지정합니다.

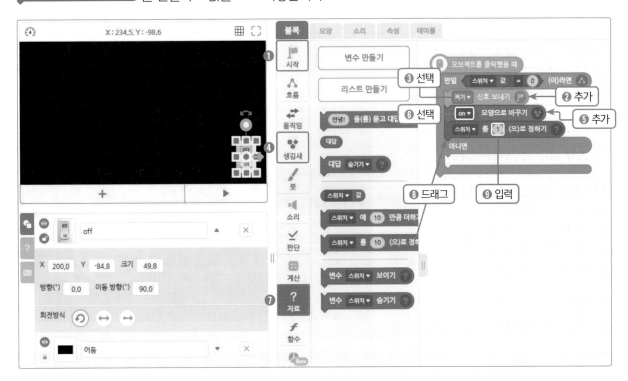

④ [켜기▼ 신호 보내기]에서 **[마우스 오른쪽 버튼]-[코드 복사&붙여넣기]**를 선택하고 거짓 조건에 블록을 연결합니다. 이어서 신호를 '**끄기**'로, 모양을 '**off**'로, 변수 값을 '**0**'으로 지정합니다.

실습파일 : 발전기.ent   완성파일 : 발전기(완성).ent

01 불을 켤 수 있도록 발전기를 만들어 주세요. 발전기 버튼을 클릭할 때마다 '전기량'에 1씩 더해 5번 클릭하면 전기가 켜지는 모양으로 바꾸고 시간이 지나면 전기가 꺼지도록 코드를 완성해 보세요.

'버튼' 오브젝트

❶ 오브젝트를 클릭했을 때 ➔ ❷ '전기량'에 '1'만큼 더하기

'조명' 오브젝트

❶ 시작하기 버튼을 클릭했을 때 ➔ ❷ ❸~❿을 계속 반복하기 ➔ ❸ 만일 ➔ ❹ '전기량' 값이 ➔ ❺ '5' 이상이면 ➔ ❻ '조명on' 모양으로 바꾸기 ➔ ❼ '3'초 기다리기 ➔ ❽ '조명off' 모양으로 바꾸기 ➔ ❾ '전기량'에 '-5'만큼 더하기 ➔ ❸ 아니면 ➔ ❿ '조명off' 모양으로 바꾸기

 예제에는 '전기량' 변수가 미리 추가되어 있으며 '조명' 오브젝트에는 '조명on'과 '조명off' 모양이 미리 구성되어 있습니다.

02 '전기량' 변수의 값이 10 이상이면 투명도가 0이 되어 정확히 보이고 5 이상이면 투명도가 70이 되어 흐릿하게 보이고 5보다 작으면 투명도가 100이 되어 보이지 않도록 코드를 완성해 보세요.

'로고' 오브젝트

❶ 시작하기 버튼을 클릭했을 때 ➔ ❷ ❸~⓫을 계속 반복하기 ➔ ❸ 만일 ➔ ❹ '전기량' 값이 ➔ ❺ '10' 이상이면 ➔ ❻ '투명도' 효과를 '0'으로 정하기 ➔ ❸ 아니면 ➔ ❼ 만일 ➔ ❽ '전기량' 값이 ➔ ❾ '5' 이상이면 ➔ ❿ '투명도' 효과를 '70'으로 정하기 ➔ ❼ 아니면 ➔ ⓫ '투명도' 효과를 '100'으로 정하기

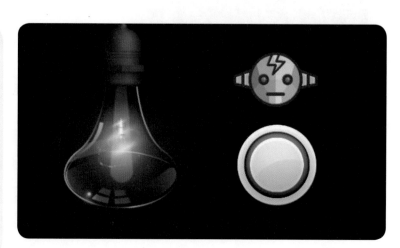

피카소에게 그림 배우기

그림을 잘 그리고 싶은 예림이는 유명한 화가인 피카소를 만나보고 싶었어요. 타임머신을 타고 피카소를 만나 어떻게 해야 유명한 화가가 될 수 있는지 물어 보았더니 "일단 선과 도형을 잘 그릴 줄 알아야 한단다!"라고 대답했습니다. 예림이가 다양한 도형을 잘 그릴 수 있도록 도와주세요.

학습목표

▹ 붓의 색과 굵기를 지정해 사각형 도형을 그릴 수 있습니다.
▹ 붓으로 그린 선들을 모두 지울 수 있습니다.
▹ 이동 방향을 지정해 삼각형 모양을 그릴 수 있습니다.

실습파일 : 도형그리기.ent　　완성파일 : 도형그리기(완성).ent

미션 미리보기

신호를 추가해 버튼을 클릭하면 연필을 움직여 사각형과 삼각형을 그리도록 코드를 만들고 그린 선들을 지우는 코드도 추가해 보세요.

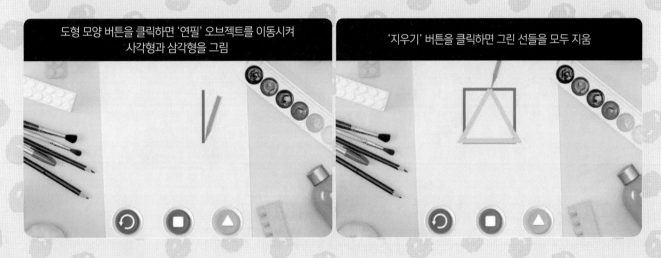

| 도형 모양 버튼을 클릭하면 '연필' 오브젝트를 이동시켜 사각형과 삼각형을 그림 | '지우기' 버튼을 클릭하면 그린 선들을 모두 지움 |

✓ 사용할 주요 블록

명령 블록	설명
그리기 시작하기 , 그리기 멈추기	오브젝트가 이동하면서 그리기를 시작하거나 그리기를 멈춥니다.
붓의 색을 ■ (으)로 정하기	오브젝트가 그리는 선의 색을 정합니다.
붓의 굵기를 1 (으)로 정하기	오브젝트가 그리는 선의 굵기를 정합니다.
모든 붓 지우기	해당 오브젝트가 그린 선을 모두 지웁니다.

1 신호 만들고 버튼에 신호 연결하기

❶ [실습파일]-[14차시]에 있는 '**도형그리기.ent**'를 열고 버튼을 클릭했을 때 보낼 신호를 만들기 위해 **[속성] 탭-[신호]-[신호 추가하기]**를 클릭해 '**사각형 그리기**', '**삼각형 그리기**', '**지우기**' 신호를 추가합니다.

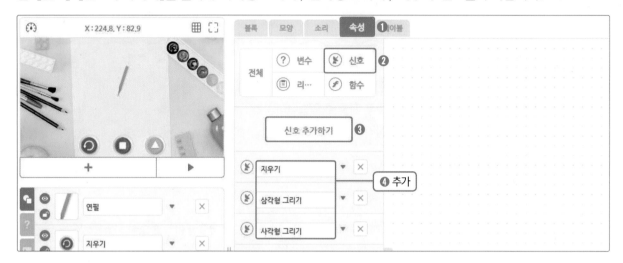

❷ 버튼을 클릭하면 신호를 보내기 위해 '**지우기**' 오브젝트를 선택하고 **[블록] 탭**을 선택합니다. 이어서 [시작]의 [오브젝트를 클릭했을 때]를 추가하고 [시작]의 [지우기▼ 신호 보내기]를 연결한 후 신호를 '**지우기**'로 지정합니다.

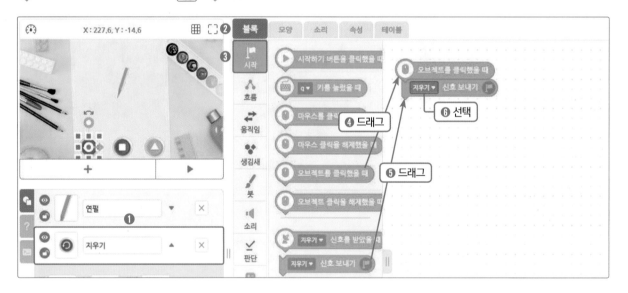

❸ [오브젝트를 클릭했을 때]에서 **[마우스 오른쪽 버튼]-[코드 복사]**를 선택하고 '**삼각형**'과 '**사각형**' 오브젝트를 선택한 후 **[마우스 오른쪽 버튼]-[붙여넣기]**를 각각 선택해 코드를 복사하고 신호를 '**삼각형 그리기**'와 '**사각형 그리기**'로 지정합니다.

▲ '삼각형' 오브젝트   ▲ '사각형' 오브젝트

② 붓으로 도형 그리기

❶ '**연필**' 오브젝트를 선택하고 신호를 받으면 사각형을 그리기 위해 ⚑ 의 🔔 지우기 ▾ 신호를 받았을 때 를 추가하고 신호를 '**사각형 그리기**'로 지정한 후 ✏ 의 붓의 색을 ■ (으)로 정하기 를 연결하고 색을 '**분홍색**'으로 지정합니다. 이어서 ✏ 의 붓의 굵기를 ① (으)로 정하기 를 연결하고 굵기를 '**3**'으로 지정합니다.

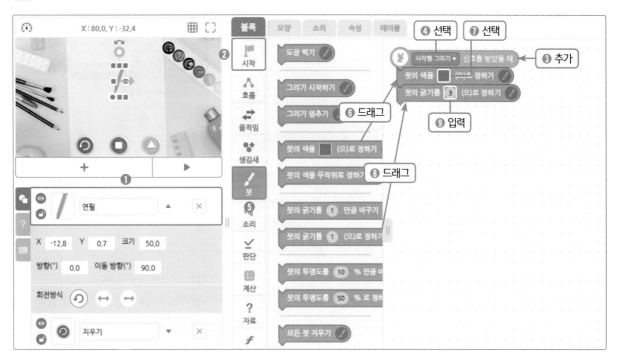

❷ 오브젝트를 이동시키기 위해 ⇄ 의 x: ⓪ y: ⓪ 위치로 이동하기 를 연결하고 x를 '**40**', y를 '**90**'으로 지정한 후 ⋀ 의 ② 초 기다리기 를 연결하고 초를 '**0.5**'로 지정합니다. 이어서 ✏ 의 그리기 시작하기 를 연결합니다.

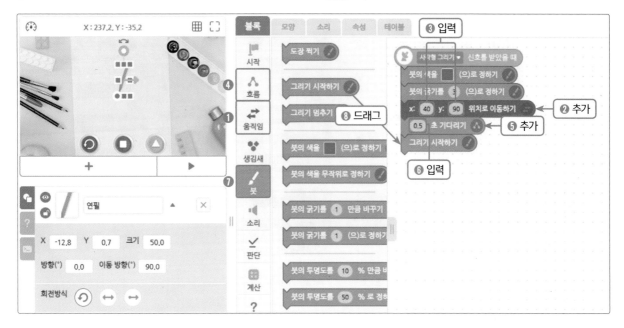

❸ 오브젝트를 이동하면서 선을 그리기 위해 [움직임]의 [x: 0 y: 0 위치로 이동하기]를 연결하고 x를 '40', y를 '10'으로 지정한 후 [흐름]의 [2 초 기다리기]를 연결하고 초를 '0.5'로 지정합니다.

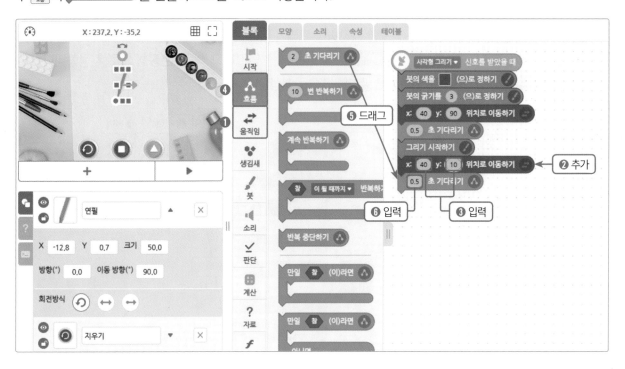

❹ 두 번째 [x: 0 y: 0 위치로 이동하기]에서 [마우스 오른쪽 버튼]-[코드 복사&붙여넣기]를 2번 실행하여 블록을 복사합니다. 이어서 첫 번째 복사된 이동 블록의 x를 '-40', y를 '10'으로, 두 번째 복사된 이동 블록의 x를 '-40', y를 '90'으로 지정합니다.

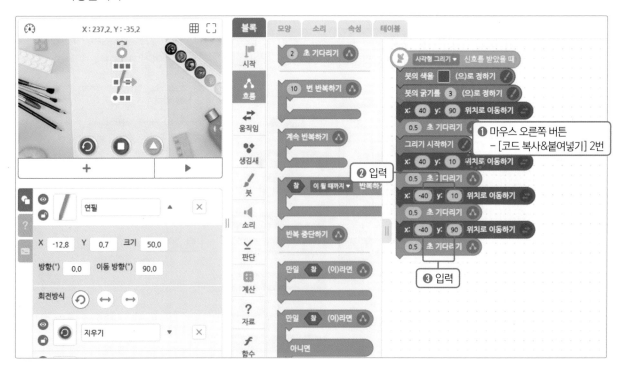

⑤ 마지막 사각형 시작점으로 이동하기 위해 [움직임] 의 `x: 0 y: 0 위치로 이동하기` 를 연결하고 x를 '**40**', y를 '**90**'으로 지정한 후 [붓] 의 `그리기 멈추기` 를 연결합니다.

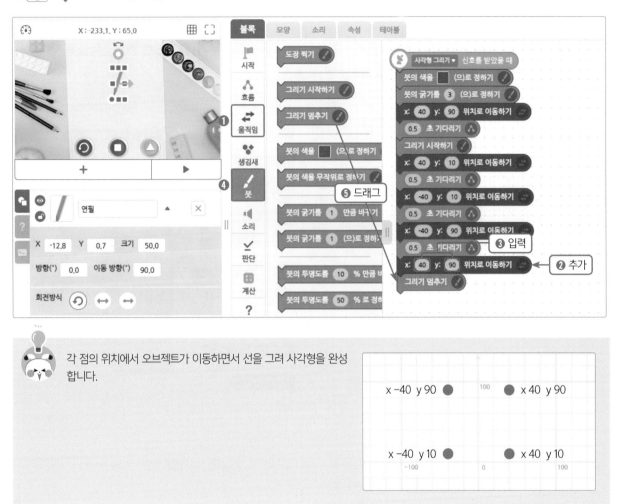

각 점의 위치에서 오브젝트가 이동하면서 선을 그려 사각형을 완성합니다.

⑥ 삼각형 도형을 그리기 위해 `사각형 그리기 ▼ 신호를 받았을 때` 에서 **[마우스 오른쪽 버튼]-[코드 복사&붙여넣기]**를 선택해 블록을 복사한 후 `그리기 시작하기` 아래쪽 블록을 드래그하여 삭제합니다. 이어서 신호를 '**삼각형 그리기**'로, 붓 색을 '**노란색**'으로, 이동 블록의 x를 '**0**', y를 '**90**'으로 지정합니다.

❼ '연필' 오브젝트를 이동해 삼각형을 그리기 위해 [움직임]의 [이동 방향을 90° 만큼 회전하기]를 연결하고 각도를 '60'으로 지정한 후 [움직임]의 [이동 방향으로 10 만큼 움직이기]를 연결해 값을 '90'으로 지정합니다. 이어서 [흐름]의 [2 초 기다리기]를 연결하고 초를 '0.5'로 지정합니다.

❽ [이동 방향을 90° 만큼 회전하기]에서 **[마우스 오른쪽 버튼]-[코드 복사&붙여넣기]**를 **2번** 실행해 블록을 복사하고 각도를 각각 **'120'**으로 지정한 후 [붓]의 [그리기 멈추기]를 연결합니다.

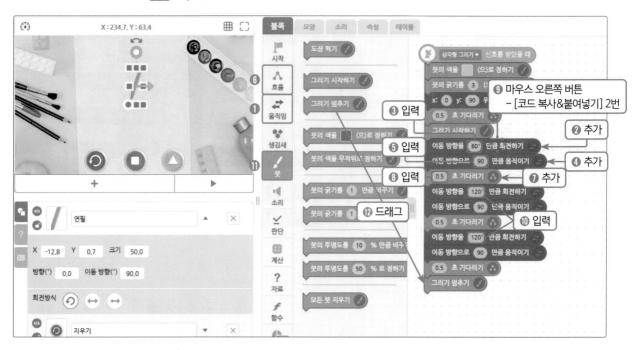

❾ '지우기' 버튼을 클릭하면 그린 선을 모두 지우기 위해 [시작]의 [지우기▼ 신호를 받았을 때]를 새로 추가하고 신호를 **지우기**'로 지정한 후 [붓]의 [모든 붓 지우기]를 연결합니다.

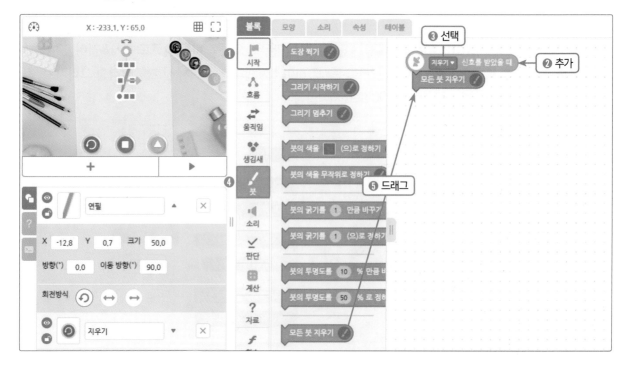

01 원이 자동으로 그려지도록 만들어 보아요. '원' 오브젝트를 클릭하면 '연필' 오브젝트가 움직이면서 원을 그리도록 코드를 완성해 보세요.

실습파일 : 원그리기.ent　　　완성파일 : 원그리기(완성).ent

❶ '원 그리기' 신호를 받았을 때 ➡
❷ 붓의 색을 '빨간색'으로 정하기
➡ ❸ 붓의 굵기를 '1'로 정하기 ➡
❹ x: '0', y: '80' 위치로 이동하기
➡ ❺ 그리기 시작하기 ➡ ❻ ❼~
❽을 '360'번 반복하기 ➡ ❼ 이동
방향으로 '1'만큼 움직이기 ➡ ❽
이동 방향을 '1'만큼 회전하기 ➡
❾ 그리기 멈추기

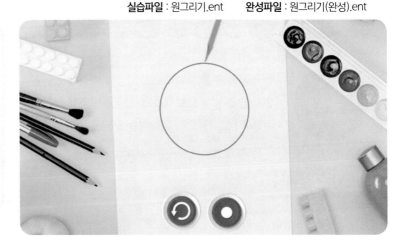

 예제에는 '원 그리기'와 '지우기' 신호가 미리 추가되어 있으며 '지우기' 오브젝트를 클릭하면 선이 지워지도록 코드가 미리 완성되어 있습니다.

02 사각형을 여러 개 그려 문양이 만들어지도록 코드를 완성해 보세요.

실습파일 : 패턴그리기.ent　　　완성파일 : 패턴그리기(완성).ent

❶ 시작하기 버튼을 클릭했을 때 ➡
❷ 붓의 색을 '빨간색'으로 정하기
➡ ❸ 붓의 굵기를 '1'로 정하기 ➡
❹ x: '0', y: '0' 위치로 이동하기 ➡
❺ 그리기 시작하기 ➡ ❻ ❼~❿
을 '36'번 반복하기 ➡ ❼ ❽~❾
를 '4'번 반복하기 ➡ ❽ 이동 방향
으로 '80'만큼 움직이기 ➡ ❾ 이동
방향을 '90'만큼 회전하기 ➡ ❿
이동 방향을 '10'만큼 회전하기 ➡
⓫ 그리기 멈추기

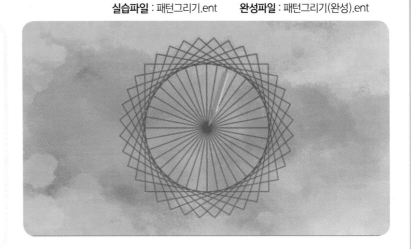

 '연필' 오브젝트를 이동 방향으로 이동하고, 90도 회전하는 작업을 4번 반복하여 사각형을 그립니다. 그리고 10도 회전시켜서 다시 사각형을 그리는 작업을 36번 반복하여 36개의 사각형으로 원 모양을 만들 수 있습니다.

스티브 잡스와 신제품 개발하기

스티브 잡스를 존경하는 기태는 타임머신을 타고 스티브 잡스가 신상품을 개발하는 연구실로 이동했어요. 스마트워치를 개발 중이던 스티브 잡스와 어떤 기능을 보여줄지 함께 이야기하고 다양한 모양의 시계도 구경하게 되었답니다.

▸ 현재 시와 분을 오브젝트의 모양을 변경해 표현할 수 있습니다.
▸ 현재 월과 일을 오브젝트의 모양을 변경해 표현할 수 있습니다.
▸ 1초마다 오브젝트가 깜박이는 모양을 만들 수 있습니다.

실습파일 : 스마트시계.ent　　**완성파일** : 스마트시계(완성).ent

미션 미리보기

0부터 9까지 모양이 추가되어 있는 오브젝트를 활용해 현재 시간과 날짜를 표현해 봅니다. 또 초를 대신해 오브젝트가 깜박이도록 코드를 완성해 보세요.

현재 시와 분, 월과 일을 표현할
오브젝트의 모양을 바꿔 해당 숫자를 표시

초를 나타내는 오브젝트를 1초마다 깜박이게 만듦

✔ 사용할 주요 블록

명령 블록	설명
현재 연도▼	현재 날짜나 시간의 값입니다.
10 / 10 의 몫▼	입력된 두 수를 나눈 결괏값입니다.
0▼ 모양으로 바꾸기	오브젝트의 모양을 선택한 모양으로 바꿉니다.

❶ [실습파일]-[15차시]에 있는 '**스마트시계.ent**'를 열고 현재 시를 표시하기 위해 '**시1**' 오브젝트를 선택한 후 의 를 추가하고 의 를 연결합니다.

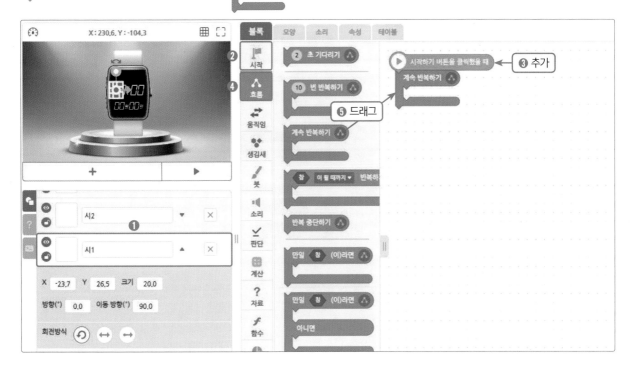

❷ 의 를 반복 블록 안에 연결하고 의 을 모양에 끼워 넣은 후 를 첫 번째 입력란에 끼워 넣고 '**시각(시)**'로 지정합니다.

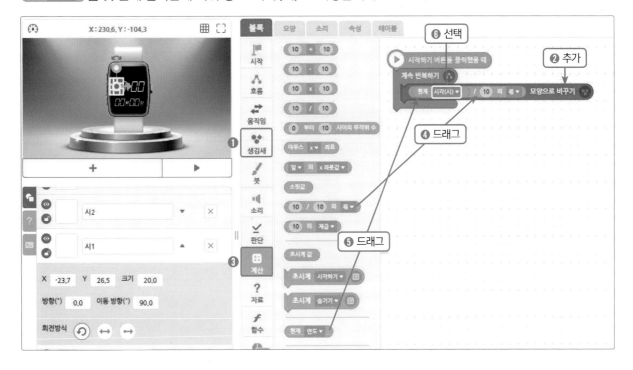

❸ ▶ 시작하기 버튼을 클릭했을 때 에서 **[마우스 오른쪽 버튼]-[코드 복사]**를 선택하고 '**시2**' 오브젝트를 선택한 후 **[마우스 오른쪽 버튼]-[붙여넣기]**를 선택합니다. 이어서 '몫'을 '**나머지**'로 지정합니다.

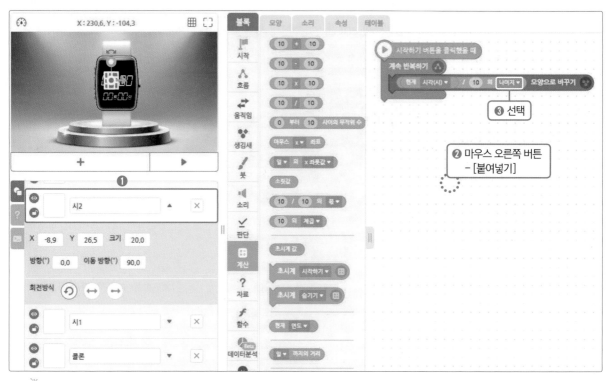

 엔트리에서 제공하는 시간인 1~24시를 10으로 나눈 몫과 나머지가 시간의 글자가 됩니다.
예) 8시를 10으로 나눈 몫은 '0', 나머지는 '8'이므로 두 글자로 표현하면 '0'과 '8'이 됩니다.
18시를 10으로 나눈 몫은 '1', 나머지는 '8'이므로 두 글자로 표현하면 '1'과 '8'이 됩니다.

❹ 분을 표현하기 위해 같은 방법으로 '**분1**', '**분2**' 오브젝트에도 블록을 복사하고 현재 값을 '**시각(분)**'으로 지정한 후 '분1'을 '**몫**', '분2'를 '**나머지**'로 지정합니다.

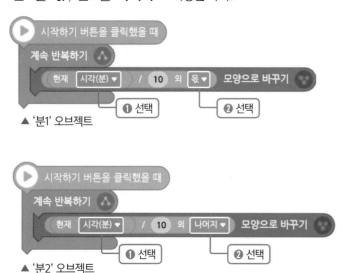

▲ '분1' 오브젝트

▲ '분2' 오브젝트

⑤ 이번에는 날짜를 표시하기 위해 같은 방법으로 블록을 '**월1**', '**월2**', '**일1**', '**일2**' 오브젝트에 각각 복사합니다. '**월1**' 오브젝트에서 현재 값을 '**월**'로, 나눈 값을 '**몫**'으로 지정합니다.

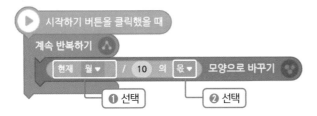

⑥ '**월2**' 오브젝트에서 현재 값을 '**월**'로, 나눈 값을 '**나머지**'로 지정합니다.

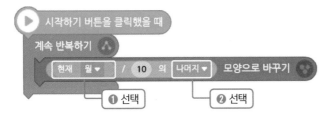

⑦ '**일1**' 오브젝트에서 현재 값을 '**일**'로, 나눈 값을 '**몫**'으로 지정합니다.

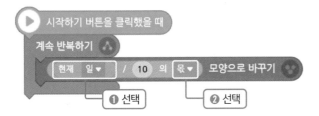

⑧ '**일2**' 오브젝트에서 현재 값을 '**일**'로, 나눈 값을 '**나머지**'로 지정합니다.

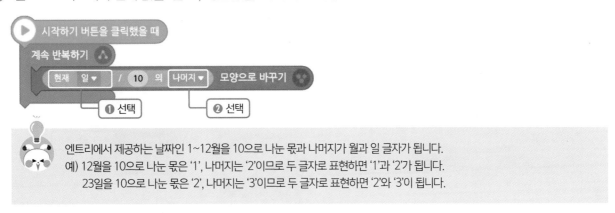

엔트리에서 제공하는 날짜인 1~12월을 10으로 나눈 몫과 나머지가 월과 일 글자가 됩니다.
예) 12월을 10으로 나눈 몫은 '1', 나머지는 '2'이므로 두 글자로 표현하면 '1'과 '2'가 됩니다.
23일을 10으로 나눈 몫은 '2', 나머지는 '3'이므로 두 글자로 표현하면 '2'와 '3'이 됩니다.

❶ 시간과 분 중간에 있는 오브젝트를 1초마다 깜박이도록 만들기 위해 '**콜론**' 오브젝트를 선택한 후 ◻️의 ▶️ 시작하기 버튼을 클릭했을 때 를 추가하고 ◻️의 계속 반복하기 ⟳ 를 연결합니다.

❷ ◻️의 모양 보이기 ⟳ 와 모양 숨기기 ⟳ 를 반복 블록 안에 연결하고 각 블록의 아래쪽에 ◻️의 ② 초 기다리기 ⟳ 를 연결합니다. 이어서 초는 '**0.5**'로 각각 지정합니다.

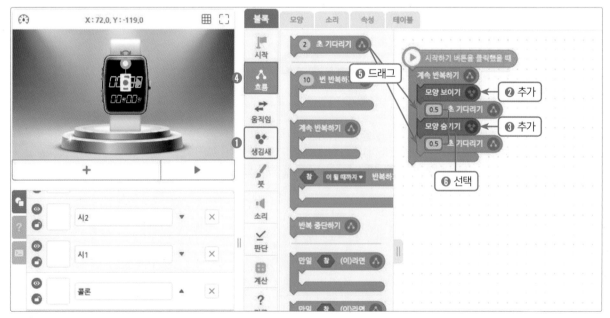

 0.5초 간격으로 보이고 사라지므로 1초마다 깜박이는 장면을 만들 수 있습니다.

실습파일 : 아날로그 알람시계.ent 완성파일 : 아날로그 알람시계(완성).ent

01 스마트워치를 아날로그 모드로 만들어 보세요. 현재 시간에 맞게 시와 분침이 회전하도록 코드를 완성해 보세요.

'시' 오브젝트

❶ 시작하기 버튼을 클릭했을 때 ➜
❷ ❸~❽을 계속 반복하기 ➜
❸ 방향을 정하기 ➜ ❹ 현재 '시각
(시)' ➜ ❺ 곱하기 '30' ➜ ❻ 더
하기 ➜ ❼ 현재 '시각(분)' ➜
❽ 곱하기 '0.5'

'분' 오브젝트

❶ 시작하기 버튼을 클릭했을 때 ➜
❷ ❸~❺를 계속 반복하기 ➜
❸ 방향을 정하기 ➜ ❹ 현재 '시각
(분)' ➜ ❺ 곱하기 '6'

방향을 [현재 시각(시) ▼ x 30 + 현재 시각(분) ▼ x 0.5] (으)로 정하기

디지털 시간을 아날로그 시간으로 표현하려면 12시간이 360도이므로
시간에 30을 곱하고 60분이 360도이므로 0.5를 곱한 값을 더해 시침이 분당 6도
씩 회전하게 합니다.

02 지정한 시간이 되면 닭 우는 소리를 재생하고 "일어나세요~!"가 표시되도록 코드를 완성해
보세요.

❶ 시작하기 버튼을 클릭했을 때 ➜
❷ ❸~❿을 계속 반복하기 ➜ ❸
만일 ➜ ❹ 현재 '시각(시)'이 ➜
❺ '18'과 같고 ➜ ❻ 그리고 ➜
❼ 현재 '시각(분)'이 ➜ ❽ '39'와
같으면 ➜ ❾ '닭 꼬끼오 울음 소리'
를 재생하기 ➜ ❿ "일어나세요~!"
를 2초 동안 말하기

· 알람이 울릴 시와 분을 '~와 같다' 블록에 입력합니다. 단, 시간을 입력
  할 때는 24시간제로 입력해야 합니다.
· 예제에는 '닭 꼬끼오 울음 소리'가 미리 추가되어 있습니다.

미래의 지구를 지켜라

2050년에 외계인이 침략한다는 이야기를 들은 형준이는 미래로 이동해 침략하는 외계인과 싸우고 싶었어요. 형준이와 함께 우주선을 타고 빠르게 움직이는 외계인 UFO를 물리쳐 주세요.

학습목표

▸ 오브젝트를 임의의 방향과 속도로 이동하도록 만들 수 있습니다.
▸ 오브젝트에 투명도 효과를 적용할 수 있습니다.
▸ 오브젝트와의 거리를 이용해 오브젝트를 따라다닐 수 있습니다.

실습파일 : 우주전쟁.ent   완성파일 : 우주전쟁(완성).ent

미션 미리보기

투명도 효과를 지정한 타깃 오브젝트가 마우스 포인터를 순서대로 따라다니고 마우스를 움직여 외계인에 타깃이 닿았을 때 클릭해 외계인을 물리치도록 코드를 완성해 보세요.

| 마우스 포인터를 타깃 오브젝트 3개가 따라다니고 외계인은 임의의 방향과 속도로 이동 | 외계인에 마우스 포인터가 닿은 상태에서 클릭을 하면 외계인 오브젝트가 사라지면서 게임이 종료 |

✔ 사용할 주요 블록

명령 블록	설명
우주선 ▾ 쪽 바라보기	해당 오브젝트가 방향을 회전하여 선택한 오브젝트 쪽을 바라봅니다.
0 부터 10 사이의 무작위 수	입력한 두 수 사이에서 임의의 수를 추출합니다.
투명도 ▾ 효과를 10 만큼 주기	선택한 효과를 입력한 값만큼 지정합니다.
우주선 ▾ 까지의 거리	선택한 오브젝트와의 거리 값입니다.

❶ [실습파일]-[16차시]에 있는 '**우주전쟁.ent**'를 열고 '**외계인**' 오브젝트를 선택한 후 ▶시작 의 ▶ 시작하기 버튼을 클릭했을 때 를 추가하고 ∧흐름 의 계속 반복하기 ∧ 를 연결합니다.

❷ '외계인' 오브젝트가 벽에 닿았을 때 조건을 만들기 위해 ∧흐름 의 만일 참 이라면 ∧ 을 반복 블록 안에 연결하고 ✓판단 의 마우스포인터 ▼ 에 닿았는가? 를 조건에 끼워 넣은 후 조건을 '**벽**'으로 지정합니다.

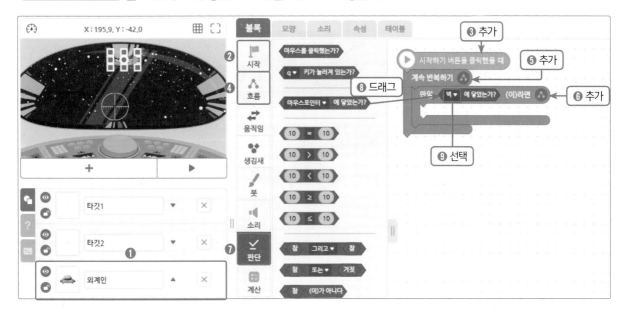

❸ 벽에 닿으면 임의의 방향으로 변경하기 위해 ⇄움직임 의 이동 방향으로 10 만큼 움직이기 와 이동 방향을 90° (으)로 정하기 를 조건 블록 안에 연결하고 이동 방향의 거리를 '**-10**'으로 지정한 후 ⊞계산 의 0 부터 10 사이의 무작위 수 를 이동 방향의 각도에 끼워 넣고 값을 '**1**'부터 '**360**' 사이로 지정합니다.

❹ 임의의 방향으로 이동하도록 만들기 위해 ⇄움직임 의 이동 방향으로 10 만큼 움직이기 를 연결하고 ⊞계산 의 0 부터 10 사이의 무작위 수 를 값에 끼워 넣은 후 값을 '**5**'부터 '**15**' 사이로 지정합니다.

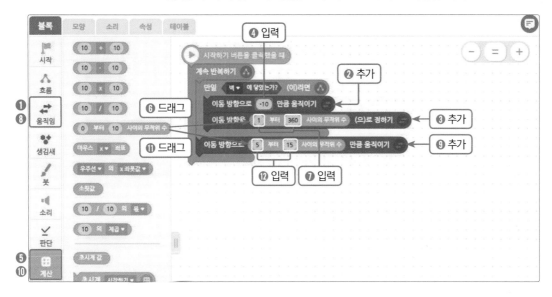

❺ 마우스 포인터로 클릭했을 때 조건을 만들기 위해 [시작]의 ▶ 시작하기 버튼을 클릭했을 때 를 새로 추가하고 [흐름]의 계속 반복하기 를 연결한 후 [흐름]의 만일 참 이라면 을 반복 블록 안에 연결합니다.

❻ 이어서 조건에 [판단]의 참 그리고▼ 참 을 끼워 넣고 왼쪽 조건에는 [판단]의 마우스포인터▼ 에 닿았는가? 를, 오른쪽 조건에는 [판단]의 마우스를 클릭했는가? 를 끼워 넣습니다.

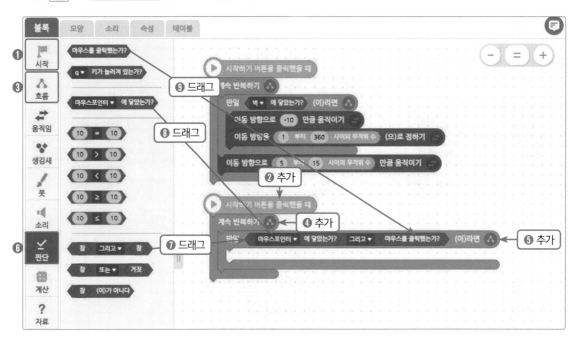

❼ 마우스 포인터로 클릭했을 때 오브젝트를 숨기고 게임을 종료하기 위해 [생김새]의 모양 숨기기 를 조건 블록 안에 연결하고 [흐름]의 모든▼ 코드 멈추기 를 연결합니다.

② 마우스 포인터를 따라다니는 타깃 만들기

❶ '**타깃**' 오브젝트를 선택하고 타깃이 마우스 포인터의 움직임을 계속 따라다니도록 만들기 위해 [시작]의 [시작하기 버튼을 클릭했을 때]를 추가하고 [흐름]의 [계속 반복하기]를 연결한 후 [움직임]의 [우주선 ▼ 위치로 이동하기]를 반복 블록 안에 연결하고 위치를 '**마우스포인터**'로 지정합니다.

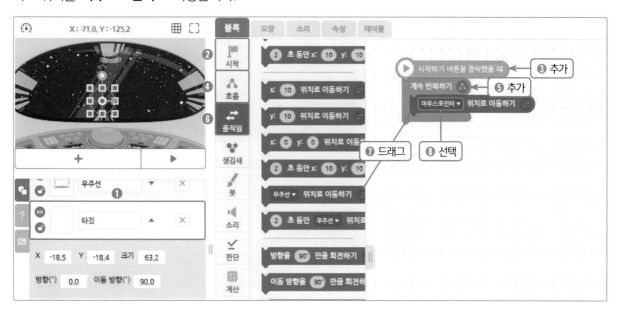

❷ '**타깃1**' 오브젝트는 장면이 시작되면 흐려지도록 만들기 위해 '**타깃1**' 오브젝트를 선택하고 [시작]의 [시작하기 버튼을 클릭했을 때]를 추가한 후 [생김새]의 [색깔 ▼ 효과를 10 만큼 주기]를 연결하고 효과를 '**투명도**'로, 값을 '**50**'으로 변경합니다. 이어서 [흐름]의 [계속 반복하기]를 연결합니다.

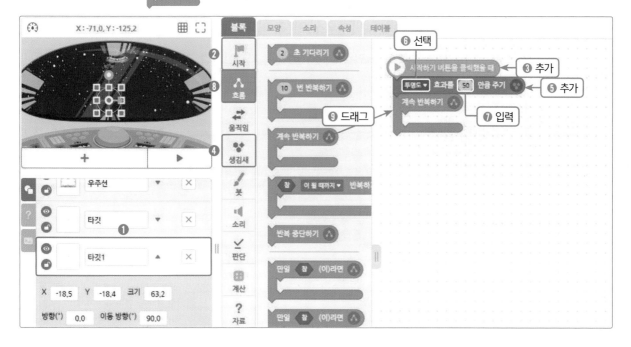

❸ '타깃1' 오브젝트가 '타깃' 오브젝트를 따라다니도록 만들기 위해 [움직임]의 〈우주선 ▾ 쪽 바라보기〉를 반복 블록 안에 연결하고 방향을 '타깃'으로 지정한 후 [움직임]의 〈이동 방향으로 10 만큼 움직이기〉를 연결합니다.

❹ [계산]의 〈10 / 10〉을 값에 끼워 넣고 [계산]의 〈우주선 ▾ 까지의 거리〉를 왼쪽 값에 끼워 넣은 후 '타깃'으로 지정하고 오른쪽 값을 '10'으로 지정합니다.

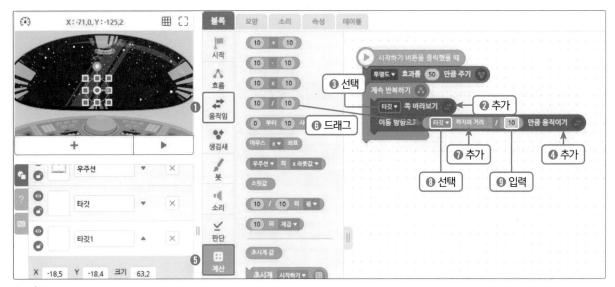

선택한 오브젝트까지의 거리를 '10'으로 나눈 만큼 움직이면 해당 오브젝트와의 거리가 서서히 좁혀지는 효과를 만들 수 있습니다.

❺ '타깃2' 오브젝트가 '타깃1'을 따라다니도록 하기 위해 〈시작하기 버튼을 클릭했을 때〉에서 **[마우스 오른쪽 버튼]-[코드 복사]**를 선택하고 **'타깃2'** 오브젝트를 선택한 후 **[마우스 오른쪽 버튼]-[붙여넣기]**를 선택합니다.

❻ 투명도 효과를 '80'으로, 바라보는 대상과 거리를 '타깃1'로 각각 지정합니다.

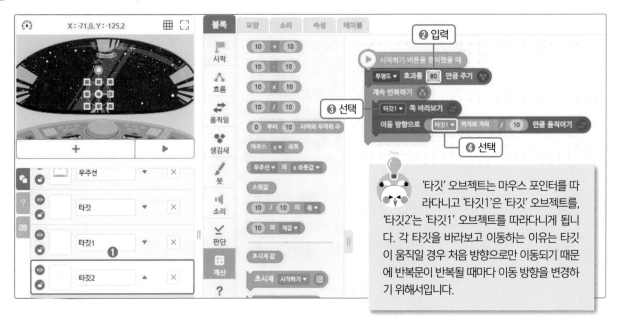

'타깃' 오브젝트는 마우스 포인터를 따라다니고 '타깃1'은 '타깃' 오브젝트를, '타깃2'는 '타깃1' 오브젝트를 따라다니게 됩니다. 각 타깃을 바라보고 이동하는 이유는 타깃이 움직일 경우 처음 방향으로만 이동되기 때문에 반복문이 반복될 때마다 이동 방향을 변경하기 위해서입니다.

실습파일 : 유령따라다니기.ent　　완성파일 : 유령따라다니기(완성).ent

01 공동묘지에 유령이 나타났습니다. 마우스 포인터를 따라다니는 유령을 만들어 보세요.

'유령1' 오브젝트

❶ 시작하기 버튼을 클릭했을 때 ➜
❷ ❸을 계속 반복하기 ➜ ❸ '마우스포인터' 위치로 이동하기

 '유령2~유령4' 오브젝트를 장면에서 보이지 않도록 숨기고 확인한 후 다시 보이게 합니다.

02 마우스 포인터를 따라다니는 유령이 멈추면 잔상이 천천히 유령 쪽으로 이동하도록 코드를 완성해 보세요.

'유령2' 오브젝트

❶ 시작하기 버튼을 클릭했을 때 ➜
❷ ❸~❻을 계속 반복하기 ➜ ❸ '유령1'쪽 바라보기 ➜ ❹ 이동 방향으로 ➜ ❺ '유령1'까지의 거리 ➜ ❻ 나누기 '10' ➜ ❹ 만큼 움직이기

'유령3', '유령4' 오브젝트

· '유령2' 오브젝트의 코드를 복사하여 '유령3'과 '유령4' 오브젝트에 복사합니다.
· '유령3'이 바라보는 대상과 거리는 '유령2', 나누는 값은 '13'으로 지정합니다.
· '유령4'가 바라보는 대상과 거리는 '유령3', 나누는 값은 '16'으로 지정합니다.

 예제에는 각 오브젝트 회전 방식이 ⟷로 지정되어 있습니다. ↻로 지정되어 있으면 유령이 방향을 바라보면서 회전하게 됩니다.

중세시대 기사 되기

유태는 중세시대 기사가 되어 아더왕 같은 사람이 되고 싶었어요. 타임머신을 타고 중세시대로 이동해 보니 중세시대에 전설의 용이 나타났데요. 갑옷을 입고 성난 용과 결투를 해 이기면 성을 구하고 잘못해서 지면 목숨을 잃을 수도 있데요. 여러분이 유태 기사가 승리할 수 있도록 도와주세요.

학습 목표

▸ 변수를 이용해 게임을 만들 수 있습니다.
▸ 모양을 바꿔 전투하는 장면을 만들 수 있습니다.
▸ 변수 값에 따라 게임을 종료할 수 있습니다.

실습파일 : 용을 무찔러라.ent   완성파일 : 용을 무찔러라(완성).ent

미션 미리보기

용과 기사가 각각 생명을 가지고 전투를 하는 게임입니다. 변수를 이용해 용과 기사의 생명을 지정하고 용이 불을 뿜으면 기사의 생명이 줄어들고 기사가 용을 향해 검을 휘두르면 용의 생명이 줄어드는 게임을 만들어 보세요.

시작하기 버튼을 클릭하면 용과 기사의 생명 변수에 값을 지정

임의의 초마다 용이 불을 뿜을 때 기사의 생명이 1씩 줄어들고 기사가 칼을 한번 휘두를 때 용의 생명이 1씩 줄어들어 0이 되는 오브젝트에서 '으악'을 말함

✅ 사용할 주요 블록

명령 블록	설명
기사 생명 ▼ 를 10 (으)로 정하기	선택한 변수의 값을 입력한 값으로 정합니다.
기사 생명 ▼ 에 10 만큼 더하기	선택한 변수에 입력한 값을 더합니다.
기사1 ▼ 모양으로 바꾸기	오브젝트의 모양을 선택한 모양으로 바꿉니다.

불을 내뿜는 용 만들기

❶ [실습파일]-[17차시]에 있는 '**용을 무찔러라.ent**'를 열고 용과 기사의 생명 숫자를 저장할 변수를 만들기 위해 **[속성] 탭-[변수]-[변수 추가하기]**를 클릭해 '**용 생명**'과 '**기사 생명**' 변수를 추가합니다.

❷ 용이 불을 뿜는 신호를 만들기 위해 **[속성] 탭-[신호]-[신호 추가하기]**를 클릭해 '**불뿜기**' 신호를 추가합니다.

장면에 표시되는 용 생명과 기사 생명
변수는 드래그하여 위치를 변경할 수
있습니다.

❸ 용이 3초에서 10초 사이를 기다렸다가 불을 뿜기 위해 '**용**' 오브젝트를 선택하고 [블록] 탭에서 [시작]의
[시작하기 버튼을 클릭했을 때]를 추가한 후 [흐름]의 [계속 반복하기]를 연결합니다.

❹ [흐름]의 [2 초 기다리기]를 반복 블록 안에 연결하고 [계산]의 [0 부터 10 사이의 무작위 수]를 초에 끼워 넣은 후 '**3**'부터
'**10**' 사이로 지정합니다.

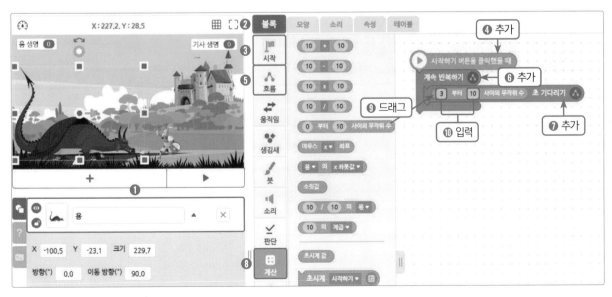

❺ 임의의 초를 기다렸다가 불을 뿜는 신호를 보내고 불을 뿜었을 때마다 기사 생명에서 1을 빼기 위해 ⌷시작⌷의 ⌈불뿜기▾ 신호 보내기 ⚑⌉를 연결하고 ⌈?자료⌉의 ⌈기사 생명▾ 에 10 만큼 더하기 ?⌉를 연결한 후 변수를 '**기사 생명**'으로, 값을 '**-1**'로 지정합니다.

❻ 용의 생명 값을 지정하기 위해 ⌷시작⌷의 ⌈▶ 시작하기 버튼을 클릭했을 때⌉를 새로 추가하고 ⌈?자료⌉의 ⌈기사 생명▾ 를 10 (으)로 정하기 ?⌉를 연결한 후 변수를 '**용 생명**'으로, 값을 '**100**'으로 지정합니다.

⓻ 용 생명 값이 0이 될 때의 조건을 만들기 위해 [흐름]의 [계속 반복하기]를 연결하고 [흐름]의 [만일 참 이라면]을 반복 블록 안에 연결합니다.

⓼ 이어서 [판단]의 (10 = 10)을 조건에 끼워 넣고 왼쪽 값에는 [자료]의 (기사 생명▾ 값)을 끼워 넣은 후 '용 생명'으로 지정하고 오른쪽 값에는 '0'을 지정합니다.

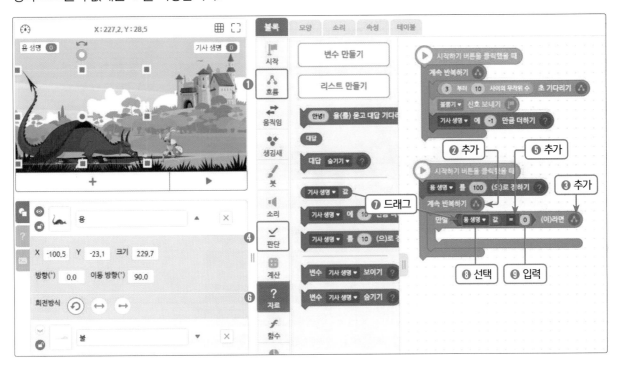

⓽ 용 생명이 0이 되면 용이 죽고 게임을 끝내기 위해 [생김새]의 (안녕! 을(를) 말하기▾)를 조건 블록 안에 연결하고 글자를 "으악!"으로 입력한 후 [흐름]의 (모든▾ 코드 멈추기)를 연결합니다.

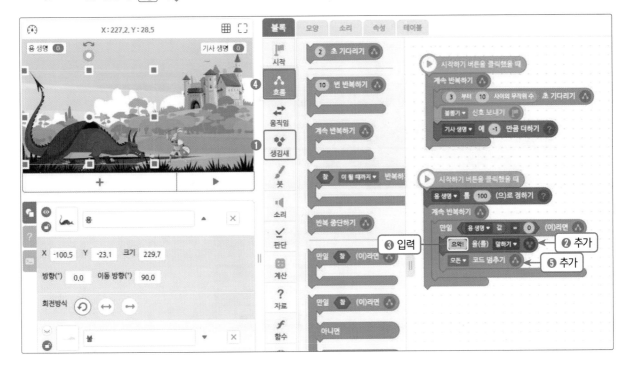

❶ 기사의 생명이 0이 되었을 때 게임을 끝내기 위해 두 번째 [시작하기 버튼을 클릭했을 때] 에서 **[마우스 오른쪽 버튼]–[코드 복사]**를 선택하고 '**기사**' 오브젝트를 선택한 후 **[마우스 오른쪽 버튼]–[붙여넣기]**를 선택합니다.

❷ 변수를 '**기사 생명**'으로, 값을 '**3**'으로, 조건 블록의 왼쪽 값을 '**기사 생명**'으로 지정합니다.

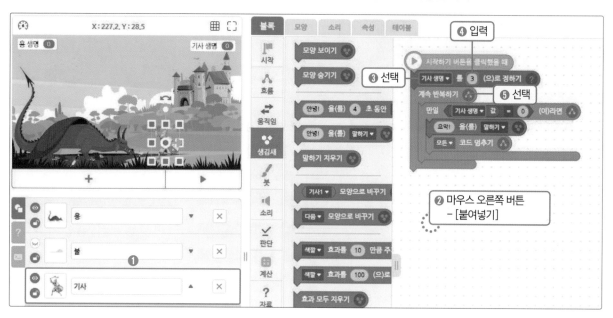

❸ 스페이스 키를 누르면 검을 휘두르는 동작을 만들기 위해 [흐름]의 [만일 참 (이)라면] 을 연결하고 [판단]의 [q ▼ 키가 눌러져 있는가?]를 조건 블록에 끼워 넣은 후 키를 '**스페이스**'로 지정합니다. 이어서 [생김새]의 [기사1 ▼ 모양으로 바꾸기]를 **2개** 연결하고 모양을 '**기사2**'와 '**기사1**'로 지정합니다.

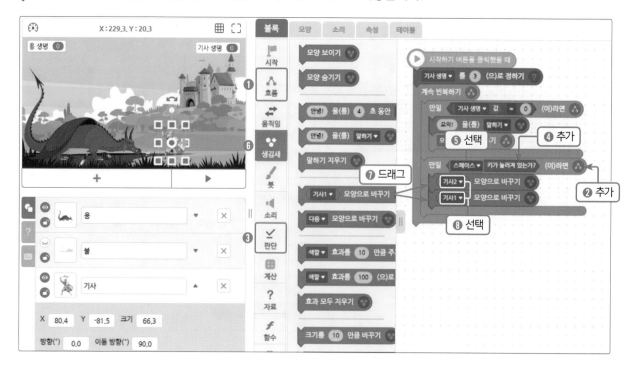

④ 모양 바꾸기 블록 사이에 [흐름]의 ⟨2 초 기다리기⟩를 연결하고 초를 '0.1'로 지정한 후 용의 생명을 단축시키기 위해 [자료]의 ⟨기사 생명 ▾ 에 10 만큼 더하기⟩를 연결하고 변수를 '용 생명'으로, 값을 '-1'로 지정합니다.

 예제에는 '기사' 오브젝트에 검을 휘두르는 모양이 미리 구성되어 있습니다.

⑤ 용이 '불뿜기' 신호를 보내면 불을 뿜는 동작을 만들기 위해 '불' 오브젝트를 선택하고 [시작]의 ⟨불뿜기 ▾ 신호를 받았을 때⟩를 추가한 후 [생김새]의 ⟨모양 보이기⟩를 연결합니다.

⑥ 불을 뿜은 장면에서 기다렸다가 다시 숨기기 위해 [흐름]의 ⟨2 초 기다리기⟩를 연결하고 [생김새]의 ⟨모양 숨기기⟩를 연결합니다.

예제에는 '불' 오브젝트가 장면에서 보이지 않도록 지정되어 있습니다.

실습파일 : 귀신잡는 닌자.ent　　　**완성파일 : 귀신잡는 닌자(완성).ent**

01 닌자가 귀신을 만났어요. 귀신을 물리치는 닌자를 만들어 주세요. 먼저 귀신 생명을 '100'으로 정하고 임의의 초를 기다렸다가 모양을 크게 해 공격하면 닌자 생명이 1씩 줄어들고 귀신 생명이 0이 되면 게임이 종료되도록 코드를 완성해 보세요.

'귀신' 오브젝트

❶ 시작하기 버튼을 클릭했을 때 ➡ ❷ '귀신 생명'을 '100'으로 정하기 ➡ ❸ ❹~⑯을 계속 반복하기 ➡ ❹ 만일 ➡ ❺ '귀신 생명'이 ➡ ❻ '0'과 같다면 ➡ ❼ "으악!"을 말하기 ➡ ❽ '모든' 코드 멈추기 ➡ ❾ '3'부터 '6'초 사이의 무작위 수 ➡ ❿ 초 기다리기 ➡ ⓫ '귀신 2' 모양으로 바꾸기 ➡ ⓬ 크기를 '100'만큼 바꾸기 ➡ ⓭ '닌자 생명'에 '-1'만큼 더하기 ➡ ⓮ '1'초 기다리기 ➡ ⓯ 크기를 '-100'만큼 바꾸기 ➡ ⓰ '귀신1' 모양으로 바꾸기

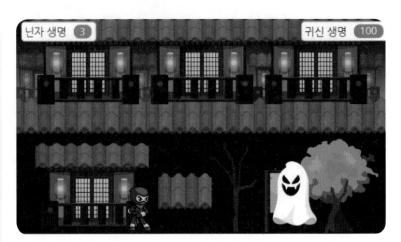

 예제에는 '표창 날리기' 신호와 '귀신 생명', '닌자 생명' 변수가 미리 추가 되어 있습니다.

02 닌자의 생명을 3으로 정하고 0이 되면 "으악~!"을 얘기하고 게임이 종료되도록 코드를 완성 해 보세요.

'닌자' 오브젝트

❶ 시작하기 버튼을 클릭했을 때 ➡ ❷ '닌자 생명'을 '3'으로 정하기 ➡ ❸ ❹~❽을 계속 반복하기 ➡ ❹ 만일 ➡ ❺ '닌자 생명'이 ➡ ❻ '0'과 같다면 ➡ ❼ "으악~!"을 말하기 ➡ ❽ '모든' 코드 멈추기

 으악~!

 예제에는 스페이스 키를 누르면 닌자가 표창을 날리는 모양을 만들고 신 호를 보내 표창이 날아가 귀신에 맞으면 귀신 생명이 1씩 줄어드는 코드 가 미리 작성되어 있습니다.

맥아더 장군과 인천상륙작전 지휘하기

6월 25일이 되자 뉴스에서는 6 · 25 전쟁에 대해 많은 기사가 나왔어요. 현식이는 인천상륙작전으로 전쟁을 승리로 이끈 맥아더 장군을 만나보고 싶어서 타임머신을 타고 이동했어요. 여러분이 도와 무사히 인천에 상륙해 전쟁을 승리로 이끌 수 있도록 만들어 주세요.

▸ 오브젝트를 복제해 지정한 다른 오브젝트의 위치로 이동시킬 수 있습니다.
▸ 조건에 맞으면 복제본을 삭제할 수 있습니다.
▸ 변수를 만들어 게임을 종료할 수 있습니다.

실습파일 : 인천상륙작전.ent 완성파일 : 인천상륙작전(완성).ent

미션 미리보기

화살표 키를 눌러 배를 조종해 해변에 닿으면 상륙 성공, 탱크가 발사하는 대포를 맞아 배 생명 변수의 값이 0이 되면 상륙 실패가 표시되도록 코드를 완성해 보세요.

'배' 오브젝트는 키보드의 화살표 키를 이용해 원하는 방향으로 이동하여 무사히 해변에 닿으면 상륙 성공이 표시됨

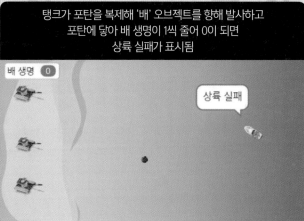

탱크가 포탄을 복제해 '배' 오브젝트를 향해 발사하고 포탄에 닿아 배 생명이 1씩 줄어 0이 되면 상륙 실패가 표시됨

☑ 사용할 주요 블록

명령 블록	설명
자신▾ 의 복제본 만들기 ⚠	자신의 복제본을 만듭니다.
👤 복제본이 처음 생성되었을때	복제본이 처음 생성되었을 때 연결된 블록들을 실행합니다.
이 복제본 삭제하기 ⚠	이 복제본을 삭제합니다.
2 초 동안 대포2▾ 위치로 이동하기	오브젝트가 입력한 초 동안 선택한 오브젝트 위치로 이동합니다.

① 배 조종해 움직이기

❶ [실습파일]-[18차시]에 있는 '**인천 상륙작전.ent**'를 열고 변수를 만들기 위해 **[속성] 탭-[변수]-[변수 추가 하기]**를 클릭합니다. 변수 이름을 '**배 생명**'으로 지정한 후 **[확인]**을 클릭 하고 변수 속성의 기본값 '**0**'을 '**3**'으로 변경합니다.

❷ 화살표 키를 눌러 배를 움직이기 위해 '**배**' 오브젝트를 선택하고 **[블록] 탭**을 선택합니다. 이어서 시작 의 시작하기 버튼을 클릭했을 때 를 추가하고 흐름 의 계속 반복하기 를 연결한 후 흐름 의 만일 참 (이)라면 을 반복 블록 안에 연결합니다.

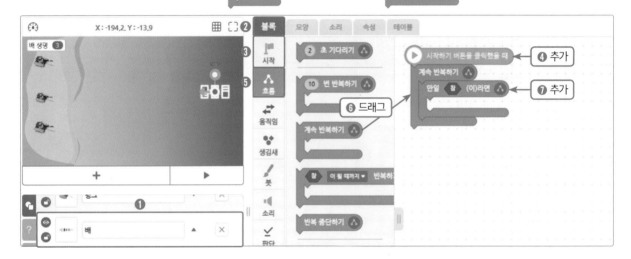

❸ 판단 의 q ▼ 키가 눌러져 있는가? 를 조건 블록에 끼워 넣고 키를 '**위쪽 화살표**'로 지정한 후 움직임 의 이동 방향으로 10 만큼 움직이기 를 연결하고 값을 '**2**'로 지정합니다.

❹ 조건 블록에서 **[마우스 오른쪽 버튼]-[코드 복사&붙여넣기]**를 선택하고 키를 '**아래쪽 화살표**'로, 이동 방향의 값을 '**-2**'로 지정합니다.

❺ 화살표 키를 눌러 배를 회전시키기 위해 두 번째 조건 블록에서 **[마우스 오른쪽 버튼]–[코드 복사&붙여넣기]**를 선택하고 키를 '**오른쪽 화살표**'로 선택합니다. 이어서 이동 방향으로 -2 만큼 움직이기 를 삭제하고 움직임 의 방향을 90° 만큼 회전하기 를 조건 블록 안에 연결한 후 값을 '**3**'으로 지정합니다.

❻ 마지막 조건 블록에서 **[마우스 오른쪽 버튼]–[코드 복사&붙여넣기]**를 선택하고 키를 '**왼쪽 화살표**'로, 이동 방향의 값을 '**-3**'으로 지정합니다.

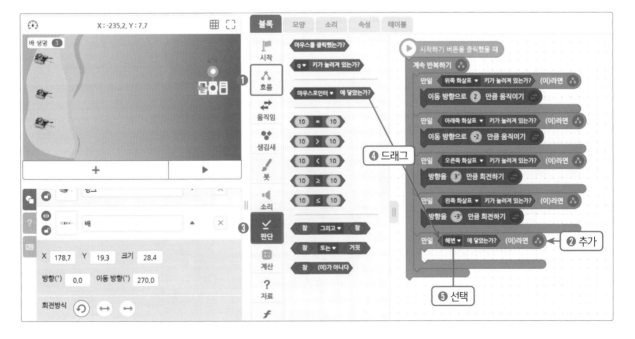

❼ 배가 해변에 닿았는지 판단하는 조건을 만들기 위해 흐름 의 만일 참 이라면 을 반복 블록 안에 연결하고 판단 의 마우스포인터 ▼ 에 닿았는가? 를 조건에 끼워 넣은 후 조건을 '**해변**'으로 지정합니다.

⑧ 해변에 닿으면 상륙을 성공했다고 표시하기 위해 🎨의 [안녕! 을(를) 말하기▼] 를 조건 블록 안에 연결하고 글자를 "**상륙 성공!**"으로 입력한 후 ☊의 [모든▼ 코드 멈추기] 를 연결합니다.

⑨ 마지막 조건 블록에서 [**마우스 오른쪽 버튼**]-[**코드 복사&붙여넣기**]를 선택하고 블록을 아래에 연결한 후 조건의 [마우스포인터 ▼ 에 닿았는가?] 블록을 삭제합니다.

⑩ 배 생명이 0이 되면 게임이 종료되도록 하기 위해 ⯆의 [10 = 10] 을 조건에 끼워 넣고 왼쪽 값에는 ❓의 [배 생명 ▼ 값] 을, 오른쪽 값에는 '0'을 지정한 후 글자를 "**상륙 실패**"로 입력합니다.

② 적 대포 발사하기

① 배를 침몰시키려고 적 탱크가 대포를 발사하는 장면을 만들기 위해 '**대포**' 오브젝트를 선택한 후 의 `▶ 시작하기 버튼을 클릭했을 때`를 추가하고 의 `계속 반복하기`를 연결합니다.

② 의 `2 초 기다리기`를 반복 블록 안에 연결하고 의 `0 부터 10 사이의 무작위 수`를 초에 끼워 넣은 후 '2'부터 '5' 사이로 지정합니다. 이어서 의 `자신 ▼ 의 복제본 만들기`를 연결합니다.

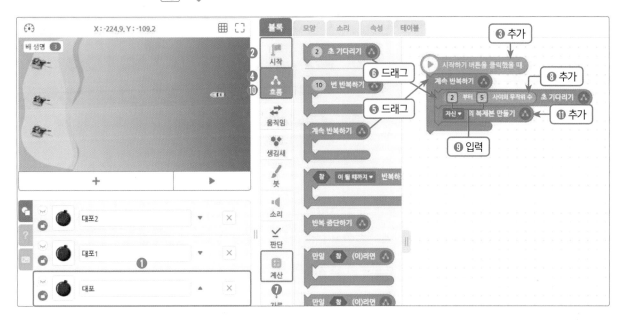

③ 대포의 복제본이 생성되면 배가 있는 위치로 이동하기 위해 의 `복제본이 처음 생성되었을때`를 추가하고 의 `모양 보이기`를 연결한 후 의 `2 초 동안 대포2 ▼ 위치로 이동하기`를 연결하고 초를 '2'로, 오브젝트를 '배'로 지정합니다.

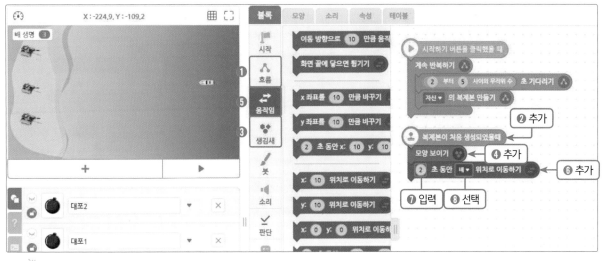

 2에서 5초 사이마다 복제본을 만들고 '배' 오브젝트 위치로 이동시켜 배가 있는 곳으로 대포가 발사되는 장면을 만듭니다.

④ '대포' 오브젝트가 배에 닿으면 조건을 만들기 위해 [흐름]의 [계속 반복하기]를 연결하고 [흐름]의 [만일 참 이러면]을 반복 블록 안에 연결한 후 [판단]의 [마우스포인터 ▼ 에 닿았는가?]를 조건에 끼워 넣고 조건을 '배'로 지정합니다.

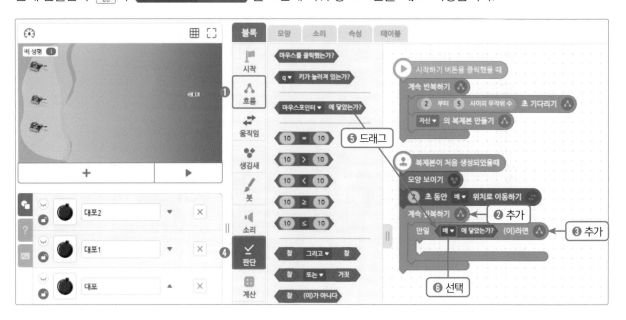

⑤ '대포'가 '배'에 닿으면 배 생명을 1씩 줄이고 폭발하는 장면을 만든 후 복제본을 삭제해 보겠습니다. [자료]의 [배 생명 ▼ 에 10 만큼 더하기]를 조건 블록 안에 연결하고 값을 '-1'로 지정한 후 [생김새]의 [다음 ▼ 모양으로 바꾸기]를 연결합니다.

⑥ 이어서 [흐름]의 [2 초 기다리기]를 연결하고 초를 '1'로 지정한 후 [흐름]의 [이 복제본 삭제하기]를 연결합니다.

⑦ [시작하기 버튼을 클릭했을 때]에서 [마우스 오른쪽 버튼]-[코드 복사]를 선택하고 '대포1'과 '대포2' 오브젝트를 각각 선택하고 [마우스 오른쪽 버튼]-[붙여넣기]를 선택합니다. 같은 방법으로 [복제본이 처음 생성되었을때] 블록 전체도 '대포1'과 '대포2' 오브젝트에 각각 [붙여넣기]를 합니다.

혼자서 **미션** 해결하기

실습파일 : 돌괴물 피하기.ent   완성파일 : 돌괴물 피하기(완성).ent

01 탐험가가 숲속을 탐험하다 무서운 돌 괴물을 만났어요. 돌 괴물이 던지는 돌을 피해 숲속을 무사히 빠져 나오도록 만들어 주세요.

'돌' 오브젝트

❶ 시작하기 버튼을 클릭했을 때 ➡
❷ ❸~❻을 계속 반복하기 ➡
❸ '1'부터 '2' 사이의 무작위 수 ➡
❹ 초 기다리기 ➡ ❺ '자신'의 복제본 만들기 ➡ ❻ '돌던지기' 신호 보내기

❶ 복제본이 처음 생성되었을 때 ➡
❷ 모양 보이기 ➡ ❸ ❹~⓫을 계속 반복하기 ➡ ❹ x 좌표를 '-5'만큼 바꾸기 ➡ ❺ 만일 ➡ ❻ '탐험가'에 닿았다면 ➡ ❼ '탐험가 생명'에 '-1'만큼 더하기 ➡ ❽ 이 복제본 삭제하기 ➡ ❾ 만일 ➡ ❿ '왼쪽 벽'에 닿았다면 ➡ ⓫ 이 복제본 삭제하기

탐험가 생명 2

예제에는 '돌던지기' 신호와 '탐험가 생명' 변수가 미리 추가되어 있습니다. 또한 '돌' 오브젝트는 장면에서 보이지 않도록 지정되어 있습니다.

예제에는 '탐험가' 오브젝트에 '탐험가 생명' 변수 값이 '0'이 되면 '으악'을 말하고 게임이 종료되며 '스페이스' 키를 눌렀을 때 점프하는 동작의 코드가 미리 작성되어 있습니다.

02 '돌던지기' 신호를 받으면 오브젝트의 모양을 바꿔 돌을 던지는 모양을 만들어 보세요.

'돌괴물' 오브젝트

❶ '돌던지기' 신호를 받았을 때 ➡
❷ '다음' 모양으로 바꾸기 ➡
❸ '0.5'초 기다리기 ➡ ❹ '다음' 모양으로 바꾸기

탐험가 생명 3

자동차 타고 드라이브하기

자동차를 좋아하는 현식이는 타임머신을 타고 이동해 독일의 자동차 발명자였던 칼 벤츠를 만나 자동차가 어떻게 움직이고 동작하는지 알게 되었어요. 원하는 속도를 정하면 자동차가 그 속도로 움직일 수 있도록 여러분이 도와주세요.

학습목표

▸ 변수를 슬라이드 모양으로 표시해 값을 변경할 수 있습니다.
▸ 오브젝트가 회전하는 속도를 변수 값에 따라 조절할 수 있습니다.
▸ 배경이 이동하면서 앞으로 달리는 효과를 만들 수 있습니다.

실습파일 : 자동차속도.ent   **완성파일** : 자동차속도(완성).ent

미션 미리보기

자동차가 움직이는 속도를 변수를 만들어 슬라이드로 조절하고 속도에 따라 자동차의 바퀴와 배경이 느리거나 빠르게 움직이도록 코드를 완성해 보세요.

| | 변수를 만들어 슬라이드로 표시하고 슬라이드를 조절해 변수의 값에 따라 바퀴가 회전하는 속도를 조절 | 변수 값에 따라 배경이 왼쪽으로 이동하는 속도를 조절하고 배경이 끊어지지 않도록 코드 작성 |

☑ 사용할 주요 블록

명령 블록	설명
방향을 90° 만큼 회전하기	오브젝트의 방향을 입력한 각도만큼 회전합니다.
x 좌표를 10 만큼 바꾸기	오브젝트의 x 좌표를 입력한 값만큼 바꿉니다.
x: 10 위치로 이동하기	오브젝트가 입력한 x 좌표로 이동합니다.
자신 ▼ 의 x 좌푯값 ▼	오브젝트 자신의 x 좌푯값입니다.

속도에 따라 바퀴 회전하기

❶ [실습파일]-[19차시]에 있는 '**자동차속도.ent**'를 열고 속도를 지정할 변수를 만들기 위해 **[속성] 탭-[변수]-[변수 추가하기]**를 클릭하고 변수 이름을 '**속도**'로 지정한 후 **[확인]** 버튼을 클릭합니다.

❷ 장면에 슬라이드를 표시하기 위해 '**슬라이드**' 항목을 체크하고 값을 '**1**'~'**10**'으로 지정합니다.

 슬라이드를 체크하고 값을 지정하면 슬라이드를 드래그하여 범위 값 중에서 설정할 수 있습니다.

❸ '**속도**' 변수 값으로 바퀴를 회전시키기 위해 '**바퀴1**' 오브젝트를 선택하고 **[블록] 탭**에서 [시작]의 ▶ 시작하기 버튼을 클릭했을 때 를 추가한 후 [흐름]의 계속 반복하기 를 연결합니다. 이어서 [움직임]의 방향을 90° 만큼 회전하기 를 반복 블록 안에 연결합니다.

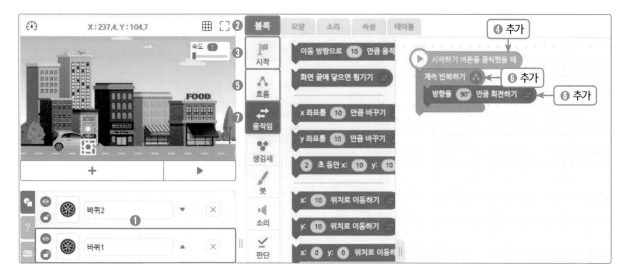

④ 변수의 값에 따라 회전시키기 위해 [계산]의 (10 x 10)을 방향에 끼워 넣고 [자료]의 (속도▾ 값)을 첫 번째 값에 끼워 넣은 후 두 번째 값에는 '5'를 지정합니다.

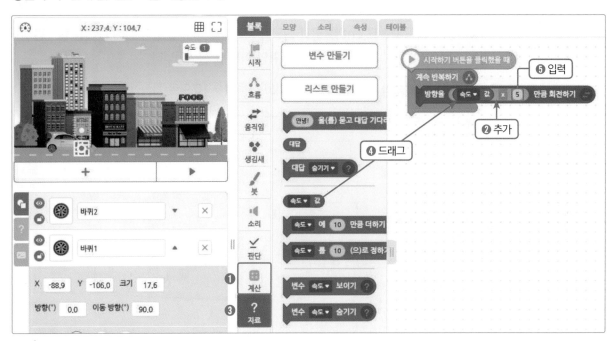

 '속도' 변수에 저장된 값에 5를 곱한 값만큼 오브젝트를 회전시킵니다. 즉 '속도'가 5라면 5를 곱한 값인 25도만큼 회전시킵니다.

⑤ '바퀴2' 오브젝트에도 같은 코드를 추가하기 위해 ⊳ 시작하기 버튼을 클릭했을 때 에서 **[마우스 오른쪽 버튼]-[코드 복사]**를 선택하고 **바퀴2** 오브젝트를 선택한 후 **[마우스 오른쪽 버튼]-[붙여넣기]**를 선택합니다.

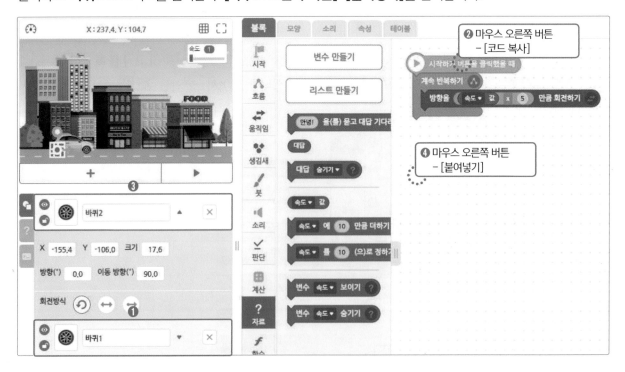

2 속도에 따라 배경 이동시키기

❶ 배경을 지정한 '속도' 변수의 값에 따라 왼쪽으로 이동시키기 위해 **'거리1'** 오브젝트를 선택하고 ▣ 의 ▶ 시작하기 버튼을 클릭했을 때 를 추가합니다. 이어서 ⋀ 의 계속 반복하기 ⋀ 를 연결한 후 ⇄ 의 x 좌표를 10 만큼 바꾸기 를 반복 블록 안에 연결합니다.

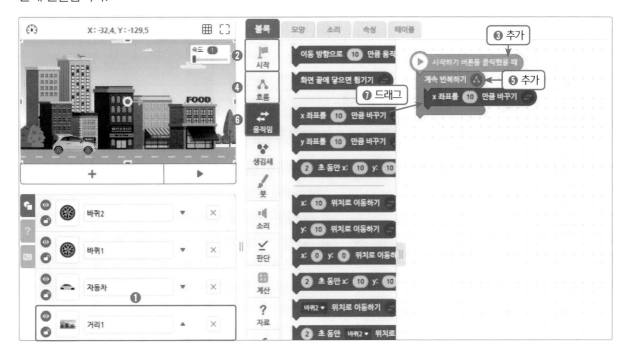

❷ '속도' 변수의 값만큼 이동시키기 위해 ▦ 의 10 x 10 을 좌푯값에 끼워 넣고 ? 의 속도 ▾ 값 을 첫 번째 값에 끼워 넣은 후 두 번째 값에는 '-1'을 지정합니다. 이어서 ⋀ 의 2 초 기다리기 ⋀ 를 연결하고 초를 '0.01'로 지정합니다.

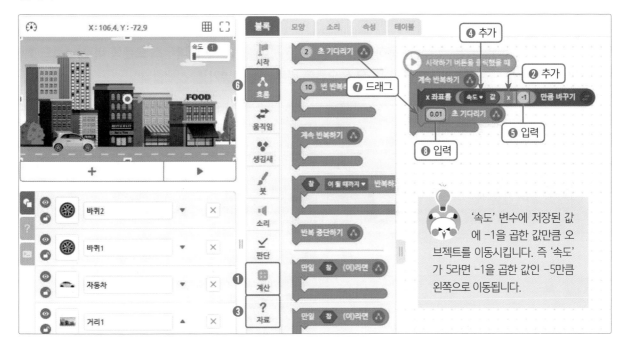

'속도' 변수에 저장된 값에 -1을 곱한 값만큼 오브젝트를 이동시킵니다. 즉 '속도'가 5라면 -1을 곱한 값인 -5만큼 왼쪽으로 이동됩니다.

❸ '거리1' 오브젝트가 왼쪽으로 이동해 장면에서 완전히 사라지면 오른쪽으로 이동하기 위해 [흐름]의 조건 블록을 연결하고 [판단]의 `10 ≤ 10`을 조건에 끼워 넣습니다.

❹ [계산]의 `바퀴2 ▾ 의 x좌푯값 ▾`을 왼쪽 값에 끼워 넣고 대상을 **'자신'**으로, 오른쪽 값에는 **'-480'**을 지정하고 [움직임]의 `x: 10 위치로 이동하기`를 조건 블록 안에 연결한 후 값을 **'480'**으로 지정합니다.

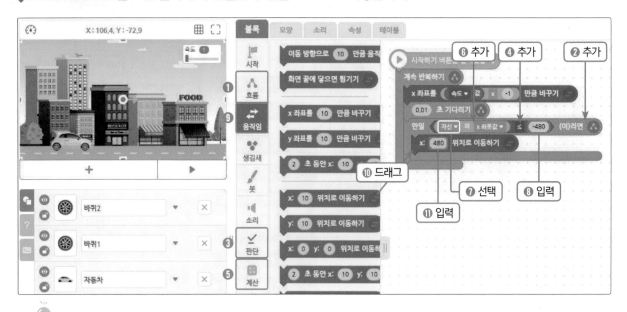

'거리1' 오브젝트가 왼쪽으로 이동할 때 오른쪽에 위치해 있던 '거리2' 오브젝트도 함께 이동합니다. '거리1' 오브젝트가 장면에서 사라지고 '거리2' 오브젝트가 장면에 보일 때 '거리1' 오브젝트가 오른쪽으로 이동해 배경이 이어지면서 이동되게 합니다.

❺ '거리2' 오브젝트에도 같은 코드를 적용하기 위해 `▶ 시작하기 버튼을 클릭했을 때`에서 **[마우스 오른쪽 버튼]-[코드 복사]**를 선택하고 **'거리2'** 오브젝트를 선택한 후 **[마우스 오른쪽 버튼]-[붙여넣기]**를 선택합니다.

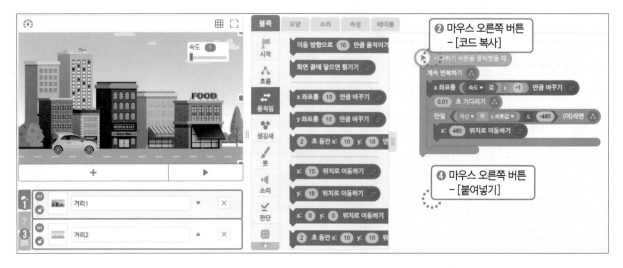

실습파일 : 풍력발전기.ent   완성파일 : 풍력발전기(완성).ent

01 전기를 만드는 풍력 발전기가 쌩쌩 돌아 전기를 많이 만들 수 있도록 만들어 주세요. '바람속도' 변수를 만들어 슬라이드(1~10)를 장면에 표시하고 변수의 값에 따라 풍력 발전기의 회전속도가 달라지도록 코드를 완성해 보세요.

'날개', '날개1' 오브젝트
❶ 시작하기 버튼을 클릭했을 때 ➜
❷ ❸~❺를 계속 반복하기 ➜
❸ 방향을 ➜ ❹ '바람속도' 값 ➜
❸ 만큼 회전하기 ➜ ❺ '0.01'초 기다리기

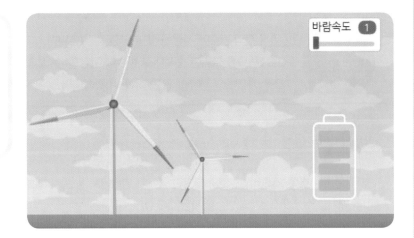

02 '바람속도' 변수의 값에 따라 배터리에 충전되는 모양이 바뀌는 속도가 변경되도록 코드를 완성해 보세요.

'배터리1' 오브젝트
❶ 시작하기 버튼을 클릭했을 때 ➜
❷ ❸~❻을 계속 반복하기 ➜
❸ '3'을 ➜ ❹ '바람속도' 값 ➜
❸ 나누기 ➜ ❺ 초 기다리기 ➜
❻ '다음' 모양으로 바꾸기

예제에는 '배터리1' 오브젝트에 배터리가 충전되는 모양이 미리 구성되어 있습니다.

괴도 루팡을 속여라

20

추리하기를 좋아하는 민수는 탐정이 되고 싶었어요. 그래서 도둑 중에 가장 유명한 루팡을 만나고 싶었죠. 타임머신을 타고 루팡이 금고를 열어 물건을 훔치려고 할 때 빈 금고가 보이도록 만들어 루팡을 속여보아요.

▸ 여러 개의 변수에 저장된 값을 합칠 수 있습니다.

▸ 오브젝트를 클릭한 순서대로 변수에 저장할 수 있습니다.

▸ 조건에 맞으면 변수에 값을 더할 수 있습니다.

실습파일 : 금고.ent   **완성파일** : 금고(완성).ent

미션 미리보기

3자리 비밀번호를 눌러 비밀번호가 맞으면 금고가 열리면서 꽝 글자가 보이도록 합니다. 3자리 비밀번호를 누른 순서에 따라 배치할 수 있도록 4개의 변수를 사용합니다.

번호를 누를 때 순서를 저장하는 변수와 값을 저장하는 변수를 활용해 비밀번호가 맞으면 '열림' 신호를 보냄

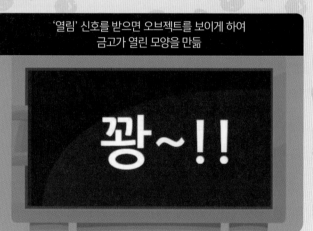

'열림' 신호를 받으면 오브젝트를 보이게 하여 금고가 열린 모양을 만듦

✅ 사용할 주요 블록

명령 블록	설명
순서 ▾ 값	선택한 변수의 값입니다.
순서 ▾ 에 10 만큼 더하기 ?	선택한 변수에 입력한 값을 더합니다.
순서 ▾ 를 10 (으)로 정하기 ?	선택한 변수의 값을 입력한 값으로 정합니다.
안녕! 과(와) 엔트리 를 합치기	입력한 두 글자를 합칩니다.

1 비밀번호 순서대로 기억하기

❶ [실습파일]-[20차시]에 있는 '**금고.ent**'를 열고 열렸을 때 보낼 신호를 만들기 위해 **[속성] 탭-[신호]-[신호 만들기]**를 클릭해 '**열림**' 신호를 만듭니다.

❷ 비밀번호를 저장할 변수를 만들기 위해 **[속성] 탭-[변수]-[변수 추가하기]**를 클릭해 '**순서**', '**첫 번째**', '**두 번째**', '**세 번째**' 변수를 추가한 후 ⊚를 클릭해 장면에서 변수를 숨깁니다.

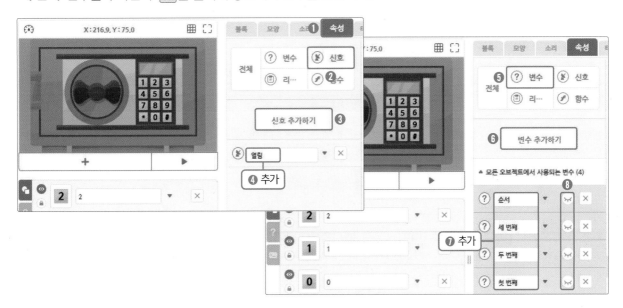

❸ 금고의 숫자를 클릭하면 몇 번째로 숫자를 눌렀는지 비교하기 위해 '**0**' 오브젝트를 선택하고 **[블록] 탭**에서 시작 의 오브젝트를 클릭했을 때 를 추가한 후 흐름 의 만일 참 이라면 을 연결합니다.

❹ 판단 의 10 = 10 을 조건에 끼워 넣고 첫 번째 값에는 자료 의 순서▼ 값 을 끼워 넣은 후 두 번째 값에는 '**2**'를 지정합니다.

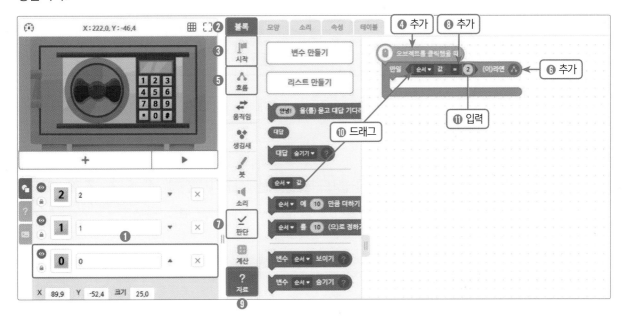

⑤ 3번째로 버튼을 클릭했다면 '세 번째' 변수에 버튼 값인 '0'을 저장하기 위해 [?]₍자료₎의 `순서▼ 를 10 (으)로 정하기 ?`를 조건 블록 안에 연결하고 변수를 '**세 번째**'로, 값을 '**0**'으로 지정한 후 [?]₍자료₎의 `순서▼ 에 10 만큼 더하기 ?`를 연결하고 변수를 '**순서**'로, 값을 '**1**'로 지정합니다.

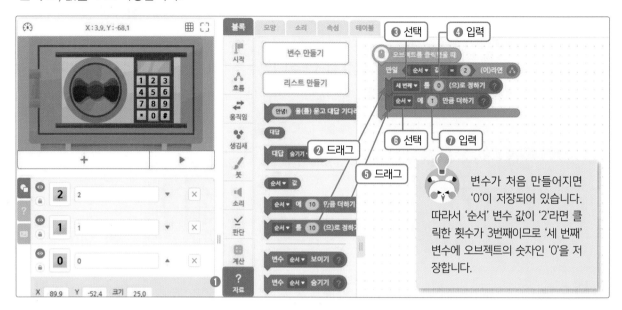

⑥ 조건 블록에서 **[마우스 오른쪽 버튼]-[코드 복사&붙여넣기]**를 2번 실행하여 블록을 아래로 연결합니다. 이어서 조건 블록의 값을 '**1**'과 '**0**'으로, 변수를 '**두 번째**'와 '**첫 번째**'로 각각 지정합니다.

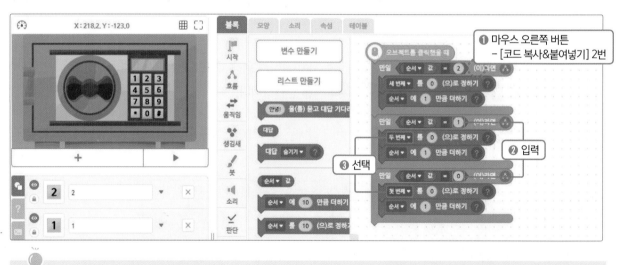

'순서' 변수에 1씩 더하게 되므로 세 번째 변수부터 첫 번째 변수까지 값을 확인해 저장합니다.

⑦ `오브젝트를 클릭했을 때`에서 **[마우스 오른쪽 버튼]-[코드 복사]**를 선택하고 '1', '2', '3', '4', '5', '6', '7', '8', '9' 오브젝트를 각각 선택해 **[마우스 오른쪽 버튼]-[붙여넣기]**를 선택합니다. 이어서 각 버튼의 숫자를 `순서▼ 를 10 (으)로 정하기 ?` 블록의 값으로 지정합니다.

▲ '1' 오브젝트에서 숫자를 변경한 예

② **비밀번호가 맞으면 금고 열기**

① 비밀번호 3자리를 누른 후 '#' 오브젝트를 누르면 비밀번호와 비교하기 위해 '**#**' 오브젝트를 선택하고 의

오브젝트를 클릭했을 때 를 추가합니다. 이어서 의 **만일 참 이라면** / **아니면** 을 연결하고 의 **10 = 10** 을 조건에 끼워 넣

은 후 첫 번째 값에 비밀번호인 '**123**'을 입력합니다.

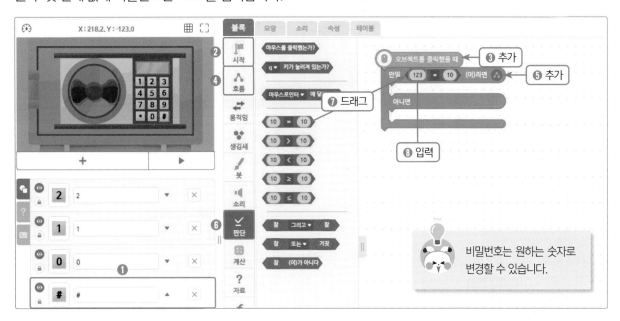

비밀번호는 원하는 숫자로 변경할 수 있습니다.

② 숫자 오브젝트를 클릭해 저장된 3개의 변수 값과 비밀번호를 비교해 맞으면 금고를 열라는 신호를 보내기 위해 두
번째 조건 값에 의 **안녕! 과(와) 엔트리 를 합치기** 를 **2개** 끼워 넣습니다. 이어서 의 **순서▼ 값** 블록 **3개**를 글자
입력란에 각각 끼워 넣은 후 변수를 '**첫 번째**', '**두 번째**', '**세 번째**'로 지정하고 의 **열림▼ 신호 보내기** 를 조건 블록
안에 연결합니다.

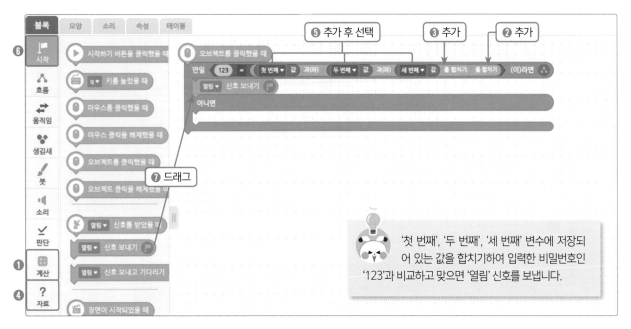

'첫 번째', '두 번째', '세 번째' 변수에 저장되어 있는 값을 합치기하여 입력한 비밀번호인 '123'과 비교하고 맞으면 '열림' 신호를 보냅니다.

❸ 비밀번호가 맞지 않으면 각 변수의 값을 0으로 정하고 메시지를 표시하기 위해 [?](으로) 의 `순서 ▼ 를 10 (으)로 정하기 ?`를 아니면 조건 안에 **4개** 추가한 후 변수를 '**순서**', '**첫 번째**', '**두 번째**', '**세 번째**'로 각각 지정한 후 값을 모두 '**0**'으로 지정합니다. 이어서 의 `안녕! 을(를) 4 초 동안 말하기 ▼`를 연결하고 글자를 "**비밀번호가 틀렸습니다.**"로, 초를 '**2**'로 지정합니다.

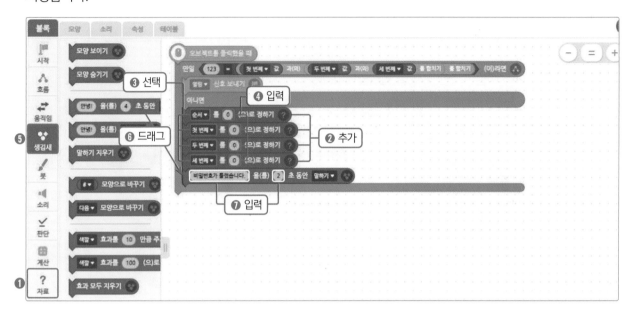

❹ 신호를 받으면 문이 열리는 장면을 만들기 위해 '**금고열림**' 오브젝트를 선택하고 의 `열림 ▼ 신호를 받았을 때`를 추가한 후 의 `모양 보이기`를 연결합니다.

❺ `열림 ▼ 신호를 받았을 때`에서 [**마우스 오른쪽 버튼**]-[**코드 복사**]를 선택하고 '**꽝**' 오브젝트를 선택한 후 [**마우스 오른쪽 버튼**]-[**붙여넣기**]를 선택합니다.

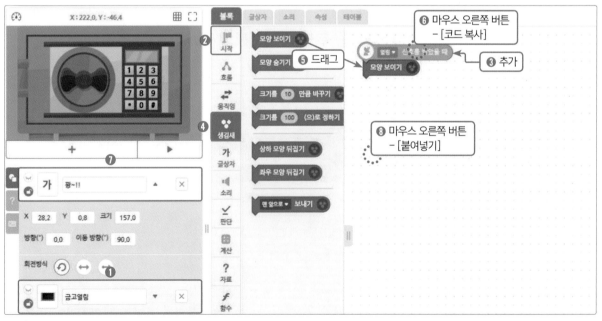

 예제에는 '금고열림'과 '꽝' 오브젝트가 장면에서 보이지 않도록 미리 지정되어 있습니다.

실습파일 : 메신저.ent   완성파일 : 메신저(완성).ent

01 친구와 이모티콘도 보내고 대화도 하는 메신저를 만들어 보려고 해요. 엔터 키를 누르면 대답을 입력받아 입력한 순서대로 각 변수에 저장되도록 코드를 완성해 보세요.

'노트북' 오브젝트

❶ '엔터' 키를 눌렀을 때 ➔ ❷ 대답 '숨기기' ➔ ❸ "대화를 입력하세요."를 묻고 대답 기다리기 ➔ ❹ 만일 ➔ ❺ '순서' 값이 ➔ ❻ '3'과 같다면 ➔ ❼ '대화4'를 ➔ ❽ '대답'으로 정하기 ➔ ❾ '순서'에 '1'만큼 더하기 ➔ ❿ 만일 ➔ ⓫ '순서' 값이 ➔ ⓬ '2'와 같다면 ➔ ⓭ '대화3'을 ➔ ⓮ '대답'으로 정하기 ➔ ⓯ '순서'에 '1'만큼 더하기 ➔ ⓰ 만일 ➔ ⓱ '순서' 값이 ➔ ⓲ '1'과 같다면 ➔ ⓳ '대화2'를 ➔ ⓴ '대답'으로 정하기 ➔ ㉑ '순서'에 '1'만큼 더하기 ➔ ㉒ 만일 ➔ ㉓ '순서' 값이 ➔ ㉔ '0'과 같다면 ➔ ㉕ '대화1'을 ➔ ㉖ '대답'으로 정하기 ➔ ㉗ '순서'에 '1'만큼 더하기

방학동안 잘 지냈지?

내화를 입력하세요.

힌트

조건 블록을 복사해 조건 값만 변경하면 빠르게 코드를 완성할 수 있습니다.

예제에는 '순서', '대화1', '대화2', '대화3', '대화4' 변수가 미리 추가되어 있습니다.

02 변수에 저장된 글자를 순서에 맞게 표시되도록 코드를 완성해 보세요.

'텍스트1, 2, 3, 4' 오브젝트

❶ 시작하기 버튼을 클릭했을 때 ➔ ❷ ❸~❽을 계속 반복하기 ➔ ❸ 만일 ➔ ❹ '순서' 값이 ➔ ❺ '1'과 같다면 ➔ ❻ 모양 보이기 ➔ ❼ '대화1' 값 ➔ ❽ 라고 글쓰기

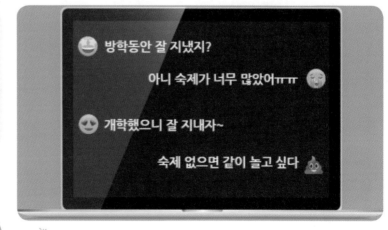

😄 방학동안 잘 지냈지?

아니 숙제가 너무 많았어ㅠㅠ 😫

😪 개학했으니 잘 지내자~

숙제 없으면 같이 놀고 싶다 💩

힌트

텍스트 오브젝트의 숫자에 맞게 ❺의 '순서' 값과 ❼의 '대화1' 값을 변경합니다.

예제에는 '텍스트1', '텍스트2', '텍스트3', '텍스트4' 오브젝트가 장면에서 보이지 않도록 미리 지정되어 있습니다.

장영실과 측우기 만들기

21

조선의 세종대왕 때 유명한 과학자인 장영실은 세계 최초로 비가 얼마나 내렸는지 알 수 있는 측우기를 만들었어요. 에디슨을 만난 진규는 우리나라에서 유명한 장영실을 만나보고 싶어졌어요. 타임머신을 타고 조선시대로 이동해 측우기가 어떤 원리로 동작하는지 확인해 봐요.

학습목표

▸ 초시계를 시작하고 장면에서 숨길 수 있습니다.

▸ 초시계의 값에 따라 변수의 값을 변경할 수 있습니다.

▸ 변수의 값을 비교해 오브젝트의 모양을 바꿀 수 있습니다.

실습파일 : 강수량.ent   **완성파일** : 강수량(완성).ent

미션 미리보기

비오는 날씨 오브젝트를 클릭하면 비가 내리게 되며 초시계를 시작해 시간에 따라 물의 양이 점점 늘어나도록 모양을 바꾸고 맑은 날씨 오브젝트를 클릭해 비가 멈추면 비가 내린 양을 글자로 표시해 주도록 코딩해 보세요.

비가 내리기 시작하면 초시계의 시간에 따라 '강수량' 오브젝트의 모양을 바꿔 비커에 빗물이 차는 모양을 만듦	비가 멈추면 비커에 빗물이 담긴 양에 따라 강수량을 '텍스트' 오브젝트에서 표시
	현재 강수량은25mm 입니다.

✅ 사용할 주요 블록

명령 블록	설명
초시계 시작하기▾	초시계를 시작하거나 멈춥니다.
초시계 숨기기▾	초시계를 숨기거나 표시합니다.
엔트리 라고 글쓰기	입력한 글자를 글상자에 표시합니다.
엔트리 라고 뒤에 이어쓰기	글상자의 내용 뒤에 입력한 글자를 표시합니다.
강수량▾ 를 10 (으)로 정하기	선택한 변수의 값을 입력한 값으로 정합니다.

시간에 따라 강수량 모양 변경하기

① [실습파일]-[21차시]에 있는 '**강수량.ent**'를 열고 '**날씨-해**', '**날씨-비**', '**비**' 오브젝트를 선택해 미리 코딩되어 있는 내용을 살펴봅니다.

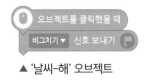

▲ '날씨-해' 오브젝트

▲ '날씨-비' 오브젝트

▲ '비' 오브젝트

'날씨-비' 오브젝트를 클릭하면 '비내리기' 신호를 보내 '비' 오브젝트의 모양을 변경해 비 내리는 장면을 만들고 '날씨-해' 오브젝트를 클릭하면 '비그치기' 신호를 보내 '비' 오브젝트의 모양을 숨깁니다. 예제에는 '비' 오브젝트가 장면에서 보이지 않도록 지정되어 있습니다.

② 장면이 시작되면 초시계를 숨기기 위해 '**강수량**' 오브젝트를 선택하고 [시작]의 [시작하기 버튼을 클릭했을 때]를 추가한 후 [계산]의 [초시계 숨기기]를 연결합니다.

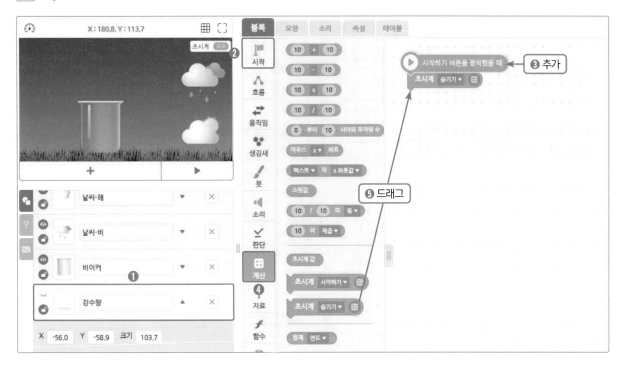

❸ '비내리기' 신호를 받으면 초시계를 시작하고 '강수량' 변수 값을 '0'으로 지정하기 위해 [시작]의 [비그치기 ▼ 신호를 받았을 때]를 추가하고 신호를 '**비내리기**'로 지정한 후 [계산]의 [초시계 시작하기 ▼ ⊞]를 **2개** 연결하고 첫 번째 초시계 블록을 '**초기화하기**'로 지정합니다. 이어서 [자료]의 [강수량 ▼ 를 10 (으)로 정하기 ?]를 연결한 후 값을 '**0**'으로 지정합니다.

❹ 초시계 값을 비교하기 위해 [흐름]의 [계속 반복하기 ∧]와 [만일 참 이라면 ∧]을 연결하고 [판단]의 [10 > 10]을 조건에 끼워 넣은 후 첫 번째 값에는 [계산]의 [초시계 값]을 끼워 넣고 두 번째 값에는 '**5**'를 지정합니다.

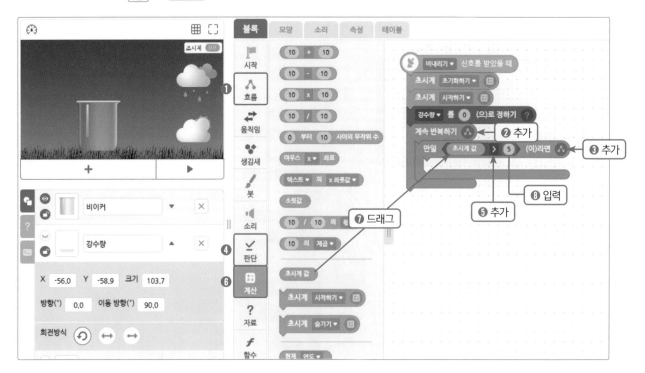

⑤ 비커에 비가 조금 담긴 모습을 표현하기 위해 [?]자료 의 강수량▼ 를 10 (으)로 정하기 를 조건 블록 안에 연결하고 값을 '5'로 지정한 후 [생김새]의 모양 보이기 와 강수량1▼ 모양으로 바꾸기 를 연결합니다.

예제에는 '강수량' 오브젝트가 장면에서 보이지 않도록 지정되어 있습니다.

⑥ 조건 블록에서 [마우스 오른쪽 버튼]-[코드 복사&붙여넣기]를 선택하여 복사된 블록을 아래에 연결하고 모양 보이기 에서 [마우스 오른쪽 버튼]-[코드 삭제]를 선택합니다. 이어서 조건의 두 번째 값을 '10'으로, '강수량' 변수의 값을 '10'으로, 모양을 '강수량2'로 지정합니다.

예제에는 '강수량' 오브젝트가 비커에 담긴 물의 양이 점점 늘어나는 모양으로 미리 구성되어 있습니다.

⑦ 조건 블록에서 **[마우스 오른쪽 버튼]-[코드 복사&붙여넣기]**를 **3번** 실행하여 블록을 연결하고 조건의 두 번째 값을 '**15**', '**20**', '**25**'로, '**강수량**' 변수의 값을 '**15**', '**20**', '**25**'로, 모양을 '**강수량3**', '**강수량4**', '**강수량5**'로 지정합니다.

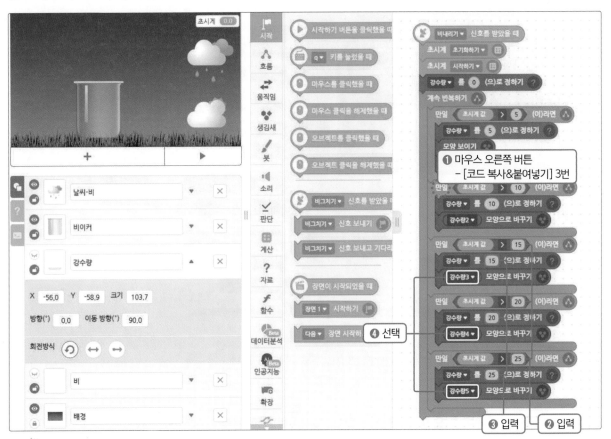

초시계 시간에 따라 '강수량' 변수 값을 변경하는 이유는 비가 멈추면 강수량을 숫자로 표시해주기 위해서입니다. 또한 초시계 값에 따라 비의 양을 표시하기 위해 '강수량' 오브젝트의 모양을 변경합니다.

⑧ 비가 그치면 강수량을 글자로 표시하기 위해 '**텍스트**' 오브젝트를 선택하고 의 를 추가한 후 의 를 연결하고 의 를 연결합니다.

예제에는 '텍스트' 오브젝트가 장면에서 보이지 않도록 지정되어 있습니다.

❾ 표시될 글자를 만들기 위해 [계산]의 (안녕! 과(와) 엔트리 를 합치기)를 글자 입력란에 끼워 넣고 첫 번째 입력란에는 "**현재 강수량은**"을 입력한 후 두 번째 입력란에 [?자료]의 (강수량▾ 값)을 끼워 넣습니다. 이어서 뒤쪽에 글을 추가하기 위해 [가글상자]의 (엔트리 라고 뒤에 이어쓰기 가)를 연결하고 글자를 "**mm 입니다.**"로 입력합니다.

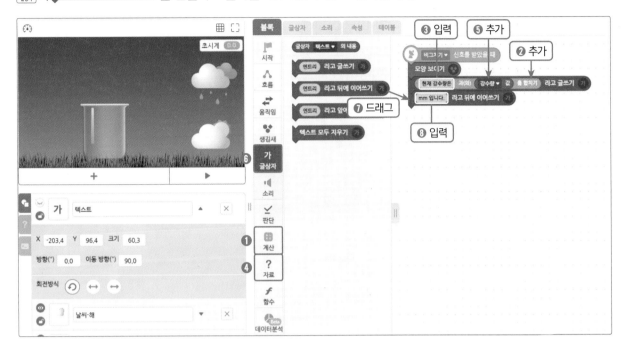

❿ 비가 내리면 글자를 감추기 위해 [시작]의 (비그치기▾ 신호를 받았을 때)를 새로 추가하고 신호를 '**비내리기**'로 지정한 후 [생김새]의 (모양 숨기기)를 연결합니다.

실습파일 : 지구온난화.ent   완성파일 : 지구온난화(완성).ent

01 지구 온난화가 심해서 지구가 너무 아파해요. 온난화를 방지할 수 있도록 나무를 심은 지구를 계속 클릭해 주세요. '온난화방지' 오브젝트를 클릭하면 '온도' 오브젝트의 모양을 변경해 온도가 점점 떨어지는 모양을 만들어 보세요.

'온난화방지' 오브젝트

❶ 오브젝트를 클릭했을 때 ➡
❷ '온난화'에 '1'만큼 더하기

'온도' 오브젝트

❶ 시작하기 버튼을 클릭했을 때 ➡
❷ ❸~❽을 계속 반복하기 ➡
❸ 만일 ➡ ❹ '온난화' 값이 ➡
❺ '10'보다 크면 ➡ ❻ '온도50'
모양으로 바꾸기 ➡ ❼ 만일 ➡
❽ '온난화' 값이 ➡ ❾ '20'보다 크
면 ➡ ❿ '온도40' 모양으로 바꾸기
➡ ⓫ 만일 ➡ ⓬ '온난화' 값이
➡ ⓭ '30'보다 크면 ➡ ⓮ '온도
30' 모양으로 바꾸기 ➡ ⓯ 만일
➡ ⓰ '온난화' 값이 ➡ ⓱ '40'보
다 크면 ➡ ⓲ '온도20' 모양으로
바꾸기

• 예제에는 '온도' 오브젝트에 온도가 떨어지는 모양('온도50', '온도40', '온도30', '온도20')들이 미리 구성되어 있습니다.
• 예제에는 '온난화' 변수가 미리 추가되어 있습니다.

02 '온도' 오브젝트의 모양이 20도까지 내려가면 '텍스트' 오브젝트에 "지구온난화에 큰 도움을 주셨어요!"라고 표시되도록 코드를 완성해 보세요.

'텍스트' 오브젝트

❶ 시작하기 버튼을 클릭했을 때 ➡
❷ ❸~❻을 계속 반복하기 ➡ ❸
만일 ➡ ❹ '온난화' 값이 ➡ ❺
'40'보다 크면 ➡ ❻ "지구온난화
에 큰 도움을 주셨어요!"라고 글쓰기

중생대 시대로 공룡을 만나러 가요

공룡을 누구보다도 좋아하는 현식이는 살아 있는 공룡을 만나보고 싶었어요. 타임머신을 타고 중생대로 이동한 현식이는 살아 있는 공룡을 보고 만지면서 재미있는 시간을 보냈어요. 다시 현재로 돌아와 공룡들의 이름을 기억하기 위해 공룡 카드를 만들려고 해요.

학습목표
▸ 변수를 이용해 카드를 클릭한 순서를 기억할 수 있습니다.
▸ 변수를 이용해 두 장의 카드 그림이 같은지 비교할 수 있습니다.
▸ 신호를 이용해 카드 맞추기 게임을 만들 수 있습니다.

실습파일 : 카드뒤집기 게임.ent   완성파일 : 카드뒤집기 게임(완성).ent

미션 미리보기

그림이 같은 2장의 카드를 맞추는 게임입니다. 카드 2장을 클릭해 그림이 같으면 카드가 사라지고 그림이 다르면 다시 뒷면이 보여지도록 게임을 만들어 보세요.

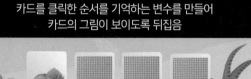

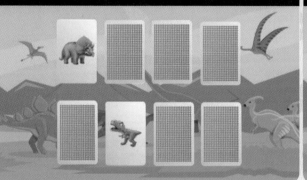

✔ 사용할 주요 블록

명령 블록	설명
성공4▾ 신호 보내기	선택한 신호를 보냅니다.
성공4▾ 신호를 받았을 때	선택한 신호를 받았을 때 연결된 블록들을 실행합니다.
10 = 10	입력한 두 값이 같은지 비교합니다.
순서▾ 를 10 (으)로 정하기	선택한 변수의 값을 입력한 값으로 정합니다.

클릭한 두 장의 카드 그림 비교하기

① [실습파일]-[22차시]에 있는 '**카드뒤집기 게임.ent**'를 열고 카드를 클릭했을 때의 순서와 두 장의 카드를 비교하기 위한 값을 저장할 변수를 만들기 위해 **[속성] 탭-[변수]-[변수 추가하기]**를 클릭하여 '**첫 번째 카드**', '**두 번째 카드**', '**순서**' 변수를 추가한 후 를 클릭하여 장면에서 변수를 숨깁니다.

② 두 장의 카드 그림이 다를 때 초기화할 신호와 그림이 같을 때 보낼 신호를 만들기 위해 **[속성] 탭-[신호]-[신호 추가하기]**를 클릭하여 **초기화**', '**성공1**', '**성공2**', '**성공3**', '**성공4**' 신호를 추가합니다.

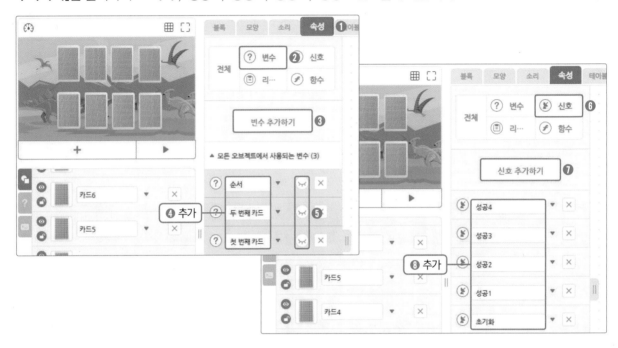

③ 카드를 클릭했을 때 공룡 그림이 있는 카드 앞면을 보여주기 위해 '**카드1**' 오브젝트를 선택하고 **[블록] 탭**에서 의 오브젝트를 클릭했을 때 를 추가한 후 의 카드뒷면 모양으로 바꾸기 를 연결하고 모양을 **공룡카드1**'로 지정합니다.

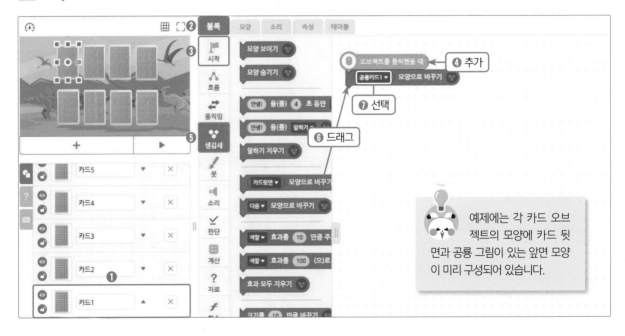

④ '순서' 변수의 값이 '0'인지 판단하는 조건을 만들기 위해 [호름]의 [만일 참 이라면/아니면] 을 연결하고 [판단]의 ⟨ 10 = 10 ⟩을 조건에 끼워 넣은 후 왼쪽 값에는 [자료]의 ⟨순서▾ 값⟩을, 오른쪽 값에는 '0'을 지정합니다.

⑤ 각 변수에 값을 정하기 위해 [자료]의 [순서▾ 를 10 (으)로 정하기] 를 조건 블록 안에 **2개** 연결하고 첫 번째 블록의 변수는 **'첫 번째 카드'**, 값은 **'1'**, 두 번째 블록의 변수는 **'순서'**, 값은 **'1'**을 지정합니다.

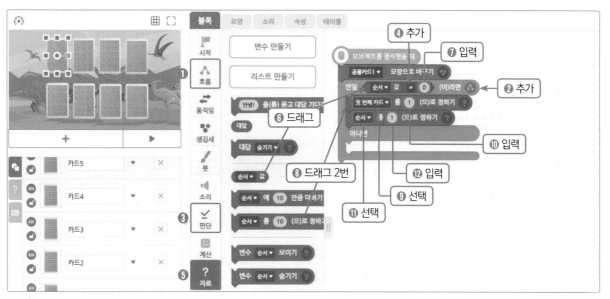

'순서' 변수의 기본 값은 '0'이므로 '순서' 값이 '0'이면 처음 클릭한 상태입니다. 처음 클릭한 상태라면 '첫 번째 카드' 변수의 값을 카드의 숫자로 정합니다. 다음에 클릭한 카드가 두 번째 클릭한 카드라는 것을 알리기 위해 '순서' 변수 값을 '1'로 정합니다.

⑥ '순서' 변수의 값이 '0'이 아니면 두 번째 클릭하는 카드이므로 [자료]의 [순서▾ 를 10 (으)로 정하기] 를 거짓 조건에 연결하고 변수를 **'두 번째 카드'**, 값을 **'1'**로 지정합니다.

⑦ 이어서 '순서' 변수를 초기화해서 다음에 클릭한 카드가 첫 번째 클릭한 카드라고 알리기 위해 [호름]의 [2 초 기다리기] 를 연결하고 초를 '1'로 지정한 후 [시작]의 [성공4▾ 신호 보내기] 를 연결하고 신호를 **초기화**로 지정합니다.

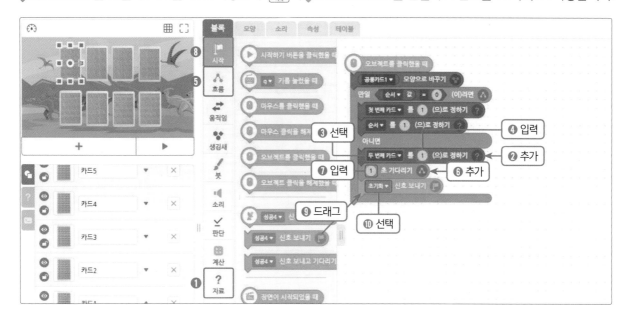

⑧ 두 번째 카드를 클릭했을 때 첫 번째와 값을 비교하기 위해 [호름]의 [만일 참 이라면] 을 [두 번째 카드 ▾ 를 ① (으)로 정하기 ?] 블록 아래에 연결하고 [판단]의 < ⑩ = ⑩ > 을 조건에 끼워 넣습니다.

⑨ 이어서 [자료]의 [순서 ▾ 값]을 왼쪽과 오른쪽 조건에 각각 끼워 넣은 후 왼쪽 조건 값은 '**첫 번째 카드**'로, 오른쪽 조건 값은 '**두 번째 카드**'로 지정합니다.

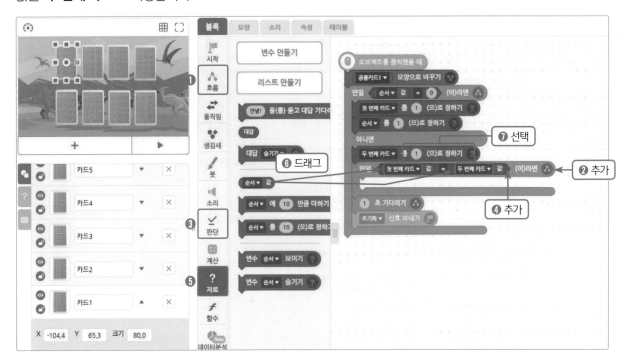

⑩ 두 값이 같으면 성공 신호를 보내고 이 코드를 멈추기 위해 [시작]의 [성공4 ▾ 신호 보내기 ▶]를 조건 블록 안에 연결하고 신호를 '**성공1**'로 지정한 후 [호름]의 [모든 ▾ 코드 멈추기]를 연결하고 코드를 '**자신의**'로 지정합니다.

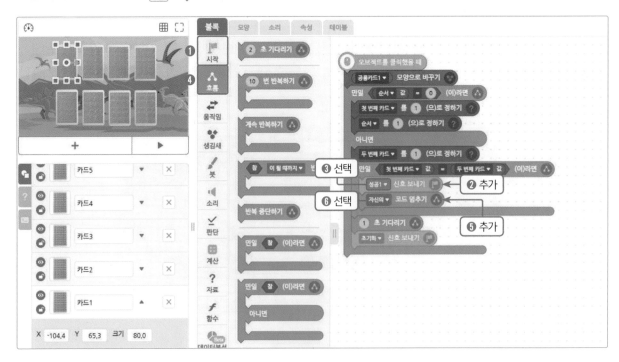

❶ '성공' 신호를 받으면 '순서' 변수 값을 '0'으로 지정해 다음에 클릭한 카드가 첫 번째 카드라고 알리고 두 장의 카드가 모양이 같을 경우에는 카드를 숨기기 위해 시작의 (성공4▼ 신호를 받았을 때)를 추가하고 신호를 '**성공1**'로 지정한 후 자료의 (순서▼ 를 10 (으)로 정하기)를 연결하고 변수를 '**순서**'로, 값을 '**0**'으로 지정합니다.

❷ 이어서 흐름의 (2 초 기다리기)를 연결하고 초를 '**1**'로 지정한 후 생김새의 (모양 숨기기)를 연결합니다.

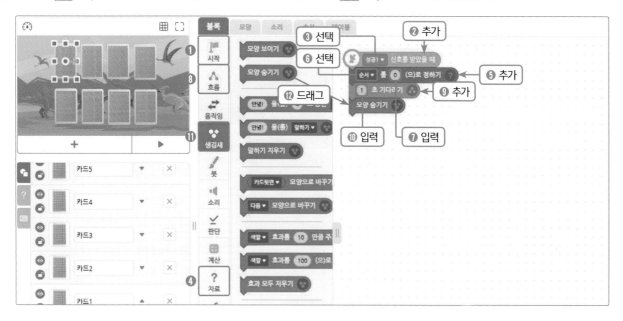

❸ '초기화' 신호를 받으면 '순서' 변수 값을 '0'으로 지정하고 카드 뒷면을 다시 보이도록 만들기 위해 시작의 (성공4▼ 신호를 받았을 때)를 새로 추가하고 신호를 '**초기화**'로 지정합니다. 이어서 자료의 (순서▼ 를 10 (으)로 정하기)를 연결하고 변수를 '**순서**'로, 값을 '**0**'으로 지정한 후 생김새의 (카드뒷면▼ 모양으로 바꾸기)를 연결하고 모양을 '**카드뒷면**'으로 지정합니다.

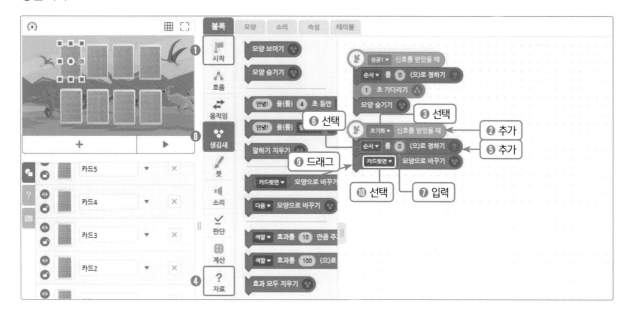

④ 다른 '카드' 오브젝트에도 코드를 완성하기 위해 '**카드1**' 오브젝트의 모든 코드를 복사해 붙여 넣은 후 값을 변경합니다.

오브젝트	카드 모양	첫 번째 카드 값	두 번째 카드 값	신호
카드2	공룡카드2	2	2	성공2
카드3	공룡카드3	3	3	성공3
카드4	공룡카드3	3	3	성공3
카드5	공룡카드2	2	2	성공2
카드6	공룡카드4	4	4	성공4
카드7	공룡카드1	1	1	성공1
카드8	공룡카드4	4	4	성공4

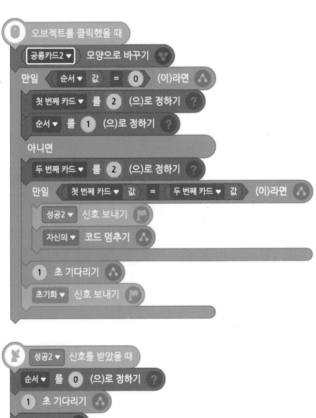

▲ '카드2' 오브젝트

실습파일 : 공룡이름맞히기.ent   완성파일 : 공룡이름맞히기(완성).ent

01 공룡의 이름을 기억하기 위해 카드 그림을 보고 공룡 이름을 맞히는 게임을 만들려고 해요. 카드를 클릭하고 이름을 클릭했을 때 맞으면 카드와 이름을 숨겨지도록 코드를 완성해 보세요.

'카드1' 오브젝트

❶ 오브젝트를 클릭했을 때 ➜ ❷ 만일 ➜ ❸ '순서' 값이 ➜ ❹ '0'과 같다면 ➜ ❺ '공룡종류'를 '1'로 정하기 ➜ ❻ '순서'를 '1'로 정하기 ➜ ❷ 아니면 ➜ ❼ '공룡이름'을 '1'로 정하기 ➜ ❽ 만일 ➜ ❾ '공룡종류' 값과 ➜ ❿ '공룡이름' 값이 ➜ ⓫ 같다면 ➜ ⓬ '정답1' 신호 보내기 ➜ ⓭ '자신의' 코드 멈추기 ➜ ⓮ '1'초 기다리기 ➜ ⓯ '초기화' 신호 보내기

❶ '초기화' 신호를 받았을 때 ➜ ❷ '순서'를 '0'으로 정하기

❶ '정답1' 신호를 받았을 때 ➜ ❷ '순서'를 '0'으로 정하기 ➜ ❸ 모양 숨기기

 예제에는 '정답1', '정답2', '정답3', '정답4', '초기화' 신호와 '공룡이름', '공룡종류', '순서' 변수가 미리 추가되어 있습니다.

02 '카드1' 오브젝트의 모든 코드를 복사해 다른 오브젝트에 붙여 넣은 후 다음과 같이 코드를 수정해 보세요.

오브젝트	'공룡종류' 값	'공룡이름' 값	신호
카드2	2	2	정답2
카드3	3	3	정답3
카드4	4	4	정답4
이름1	1	1	정답1
이름2	4	4	정답4
이름3	2	2	정답2
이름4	3	3	정답3

메이저리그에서 야구하기

23

야구를 좋아하는 민기는 메이저리그에서 뛰는 선수가 되고 싶었어요. 타임머신을 타고 미래로 이동했더니 메이저리그에서 유명한 타자가 되었어요. 민기가 홈런을 많이 칠 수 있도록 여러분이 도와주세요.

학습목표

▸ 오브젝트들의 좌푯값을 계산할 수 있습니다.
▸ 오브젝트의 방향을 바꿔 이동할 수 있습니다.
▸ 변수를 이용해 오브젝트의 이동 속도를 조절할 수 있습니다.

실습파일 : 야구.ent   **완성파일** : 야구(완성).ent

미션 미리보기

투수가 임의의 속도로 공을 던지고 공과 타자와의 거리가 가까운 상태에서 스페이스 키를 눌러 스윙을 하면 안타, 공을 치지 못하면 스트라이크가 1씩 올라가 3 스트라이크가 되면 게임이 종료됩니다.

투수가 임의의 시간을 기다렸다가 공을 던지는 모양으로 변경하고 던질 때마다 속도를 다르게 하여 오른쪽으로 이동

스페이스 키를 눌렀을 때 공의 위치값이 조건에 맞으면 홈런이나 안타가 되고 맞지 않다면 스트라이크가 1씩 증가하여 스트라이크가 3이 되면 게임 종료

☑ 사용할 주요 블록

명령 블록	설명
야구공 ▼ 의 x좌푯값 ▼	선택한 오브젝트의 좌푯값, 방향, 이동 방향, 크기 등의 정보 값입니다.
거리 ▼ 에 10 만큼 더하기 ?	선택한 변수에 입력한 값을 더합니다.
거리 ▼ 를 10 (으)로 정하기 ?	선택한 변수의 값을 입력한 값으로 정합니다.

투수와 타자 코드 살펴보기

❶ [실습파일]-[23차시]에 있는 '**야구.ent**'를 열고 변수를 만들기 위해 [**속성] 탭**-[**변수**]-[**변수 추가하기**]를 클릭하여 '**공속도**' 변수를 추가한 후 ◉를 클릭하여 장면에서 변수를 숨깁니다.

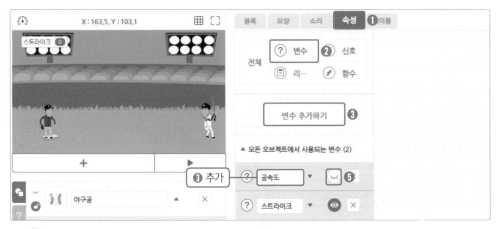

 예제에는 야구공이 타자를 지나 오른쪽 끝까지 이동했는지를 판단하기 위한 '스트라이크' 변수가 미리 추가되어 있습니다.

❷ 예제에 미리 작성되어 있는 코드를 확인해 보겠습니다. '**투수**' 오브젝트에는 '**스트라이크**' 변수 값이 '**3**'일 때 "**삼진 아웃!**"을 말하고 게임을 종료하며, 변수 값이 '3'이 아니면 모양을 바꿔 투수가 공을 던지는 장면을 만들고 '**공던지기**' 신호를 보내는 코드가 작성되어 있습니다. '**타자**' 오브젝트에는 '**스페이스**' 키를 누르면 배트를 휘두르는 장면을 만들고 '**스윙**' 신호를 보내는 코드가 작성되어 있습니다.

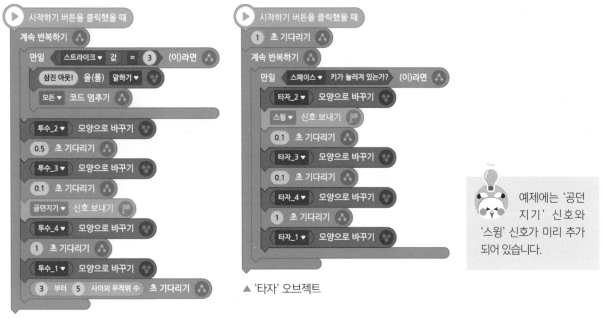

▲ '투수' 오브젝트

▲ '타자' 오브젝트

예제에는 '공던지기' 신호와 '스윙' 신호가 미리 추가되어 있습니다.

❶ '투수' 오브젝트가 공을 던지는 장면에서 '공던지기' 신호를 보내면 공이 투수 위치에서 보이도록 만들기 위해 **야구 공** 오브젝트를 선택하고 **[블록] 탭**을 선택합니다. 먼저 의 스윙▼ 신호를 받았을 때 를 추가하고 신호를 '공던지기'로 지정한 후 의 x: 0 y: 0 위치로 이동하기 를 연결하고 x를 '**–130**', y를 '**–60**'으로 지정합니다. 이어서 의 모양 보이기 를 연결합니다.

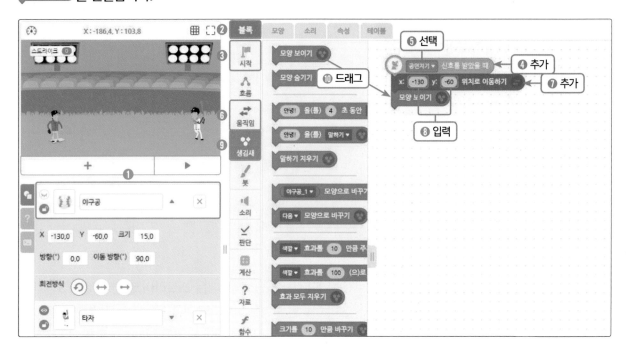

❷ 투수가 공을 던질 때마다 속도를 다르게 하기 위해 의 공속도▼ 를 10 (으)로 정하기 를 연결하고 변수를 '**공속도**'로 지정한 후 의 0 부터 10 사이의 무작위 수 를 값에 끼워 넣고 '**3**'부터 '**10**' 사이의 수로 지정합니다.

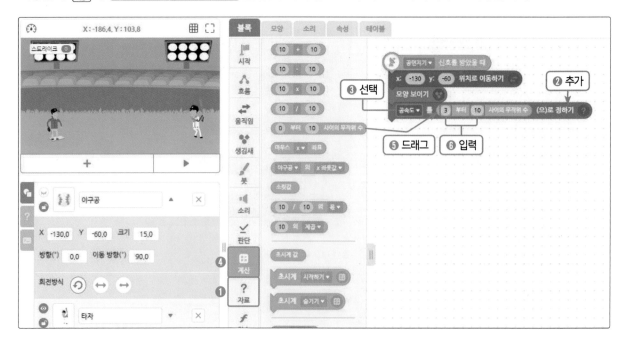

❸ '야구공' 오브젝트가 타자를 지나 오른쪽 장면 밖으로 사라질 때까지 이동하기 위해 ⌃의 ▐참 이 될 때까지▾ 반복하기 ∧▐를 연결하고 ✓의 ◀ 10 ≥ 10 ▶을 조건에 끼워 넣은 후 오른쪽 값을 '250'으로 지정합니다. 이어서 ▦의 ◀야구공▾ 의 x 좌푯값▾▶을 왼쪽 값에 끼워 넣고 **자신**으로 지정합니다.

❹ 공이 오른쪽으로 임의의 값만큼 이동하도록 만들기 위해 ⇄의 ◀ x 좌표를 10 만큼 바꾸기 ▶를 조건 블록 안에 연결하고 ?의 ◀공속도▾ 값▶을 값에 끼워 넣은 후 **공속도**로 지정합니다.

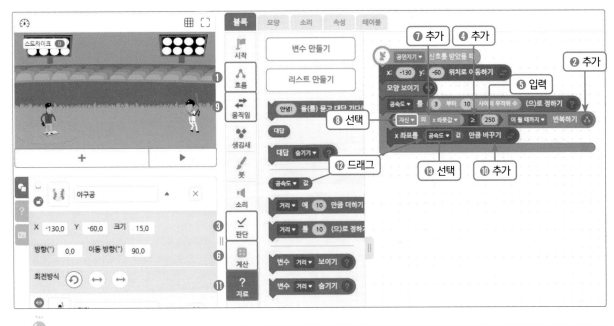

> 예제에는 '야구공' 오브젝트가 장면에서 보이지 않도록 지정되어 있습니다.

❺ 공이 타자를 지나 끝까지 이동했을 때 '스트라이크' 변수 값을 증가시키기 위해 ?의 ◀공속도▾ 에 10 만큼 더하기 ? ▶를 연결하고 변수를 **스트라이크**로, 값을 '1'로 지정한 후 ♥의 ◀모양 숨기기 ♥ ▶를 연결합니다.

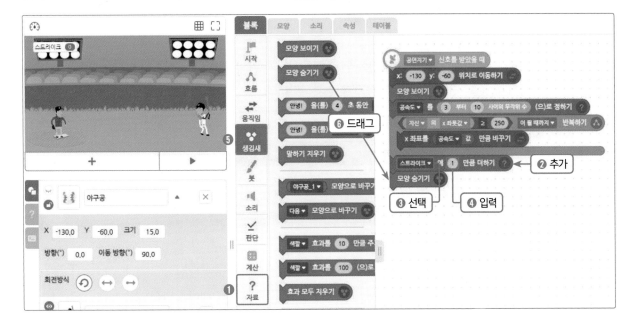

❻ '스윙' 신호를 받았을 때 공의 위치가 타자 근처인지 구하기 위해 [시작]의 (스윙 ▼ 신호를 받았을 때)를 새로 추가하고 신호를 '**스윙**'으로 지정한 후 [흐름]의 (만일 참 이라면)을 연결한 후 [판단]의 (참 그리고 ▼ 참)을 조건에 끼워 넣습니다.

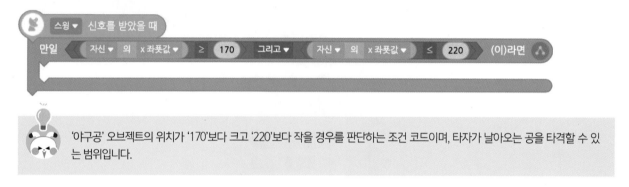

❼ 왼쪽 조건에는 [판단]의 (10 ≥ 10)을, 오른쪽 조건에는 [판단]의 (10 ≤ 10)을 각각 끼워 넣은 후 [계산]의 (야구공 ▼ 의 x좌푯값 ▼)을 두 조건의 왼쪽 값에 각각 끼워 넣고 '**자신**'으로 지정합니다. 이어서 왼쪽 조건의 값에는 '**170**'을, 오른쪽 조건의 값에는 '**220**'을 지정합니다.

```
스윙 ▼ 신호를 받았을 때
만일  ( 자신 ▼ 의 x좌푯값 ▼ ≥ 170  그리고 ▼  자신 ▼ 의 x좌푯값 ▼ ≤ 220 ) (이)라면
```

💡 '야구공' 오브젝트의 위치가 '170'보다 크고 '220'보다 작을 경우를 판단하는 조건 코드이며, 타자가 날아오는 공을 타격할 수 있는 범위입니다.

❽ 조건에 맞으면 '야구공' 오브젝트가 오른쪽으로 이동하는 코드를 멈추기 위해 [흐름]의 (모든 ▼ 코드 멈추기)를 조건 블록 안에 연결하고 '**자신의 다른**'으로 지정합니다.

```
스윙 ▼ 신호를 받았을 때
만일  ( 자신 ▼ 의 x좌푯값 ▼ ≥ 170  그리고 ▼  자신 ▼ 의 x좌푯값 ▼ ≤ 220 ) (이)라면
   자신의 다른 ▼ 코드 멈추기
```

❾ '야구공' 오브젝트를 홈런을 친 장면처럼 왼쪽 위로 이동시키기 위해 [움직임]의 (2 초 동안 x: 10 y: 10 위치로 이동하기)를 연결하고 초를 '**0.5**'로, x를 '**-300**'으로, y를 '**150**'으로 지정합니다.

```
스윙 ▼ 신호를 받았을 때
만일  ( 자신 ▼ 의 x좌푯값 ▼ ≥ 170  그리고 ▼  자신 ▼ 의 x좌푯값 ▼ ≤ 220 ) (이)라면
   자신의 다른 ▼ 코드 멈추기
   0.5 초 동안 x: -300 y: 150 위치로 이동하기
```

실습파일 : 야구게임.ent   완성파일 : 야구게임(완성).ent

01 누가 홈런을 많이 치는지 시합하는 야구 게임입니다. 공이 타자와 가까울 때 스윙을 하면 홈런이 되고 조금 멀 때 스윙을 하면 안타, 너무 떨어져 있을 때 스윙을 하면 스트라이크가 되는 게임의 조건 코드를 완성해 보세요.

'야구공' 오브젝트

▶ 홈런 조건

❶ '자신'의 'x좌푯값'이 ➡
❷ '170'보다 크고 ➡ ❸ 그리고
➡ ❹ '자신'의 'x좌푯값'이 ➡
❷ '190'보다 작다면

▶ 안타 조건

❶ '자신'의 'x좌푯값'이 ➡
❷ '150'보다 크고 ➡ ❸ 그리고
➡ ❹ '자신'의 'x좌푯값'이 ➡
❷ '200'보다 작다면

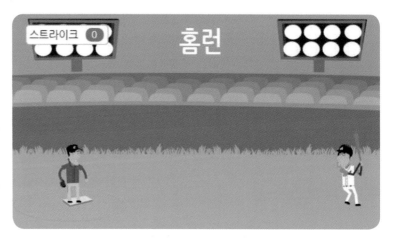

예제에는 타자가 스윙을 하고 투수가 공을 던지는 코드와 홈런과 안타를 구분하기 위한 코드가 미리 작성되어 있습니다.

02 공을 쳤을 때 신호에 따라 '글상자' 오브젝트에 "홈런"과 "안타"가 표시되도록 코드를 완성해 보세요.

'글상자' 오브젝트

❶ '안타' 신호를 받았을 때 ➡
❷ 모양 보이기 ➡ ❸ '안타'라고
글쓰기 ➡ ❹ '2'초 기다리기 ➡
❺ 모양 숨기기
❶ '홈런' 신호를 받았을 때 ➡
❷ 모양 보이기 ➡ ❸ '홈런'라고
글쓰기 ➡ ❹ '2'초 기다리기 ➡
❺ 모양 숨기기

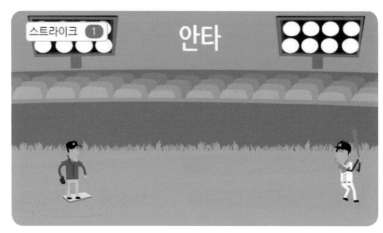

예제에는 '글상자' 오브젝트가 장면에서 보이지 않도록 지정되어 있습니다.

베토벤과 피아노로 작곡하기

음악을 좋아하는 희영이는 베토벤을 만나보고 싶었어요. 타임머신을 타고 베토벤이 피아노를 치면서 작곡을 하는 시간으로 이동했어요. 베토벤과 함께 피아노를 치면서 음표를 그려 넣어 보아요.

학습 목표
▹ 리스트를 만들어 원하는 항목에 값을 저장할 수 있습니다.
▹ 리스트의 값을 비교해 오브젝트를 원하는 위치에 표시할 수 있습니다.
▹ 오브젝트를 클릭해 피아노 소리를 낼 수 있습니다.

실습파일 : 피아노.ent   **완성파일** : 피아노(완성).ent

미션 미리보기

피아노 건반을 클릭하면 해당되는 순서와 계명 번호가 리스트에 저장되고 오선지에서 리스트에 해당되는 곳에 음표가 표시되도록 코드를 완성해 보세요.

피아노 건반을 누르는 순서를 저장할 '연주' 변수와 '음계' 리스트를 만들어 피아노 건반을 누르면 해당 음의 소리가 나고 오선지에 음표가 표시

피아노 버튼을 누를 때마다 음표가 표시

✔ 사용할 주요 블록

명령 블록	설명
소리 피아노_06미 ▾ 재생하고 기다리기	선택한 소리를 재생한 후 다음 블록을 실행합니다.
10 을(를) 음계 ▾ 의 1 번째에 넣기	입력한 값을 선택한 리스트의 지정한 번째 항목에 넣습니다.
연주 ▾ 에 10 만큼 더하기	선택한 변수에 입력한 값을 더합니다.
음계 ▾ 의 1 번째 항목	선택한 리스트의 입력한 번째의 항목 값입니다.

① [실습파일]-[24차시]에 있는 '**피아노.ent**'를 열고 건반을 누른 순서를 기억하는 변수를 만들기 위해 [**속성**] **탭**-[**변수**]-[**변수 추가하기**]를 클릭하고 '**연주**' 변수를 추가한 후 ◉를 클릭하여 장면에서 숨깁니다.

② 건반을 눌렀을 때 음계를 기억할 리스트를 만들기 위해 [**속성**] **탭**-[**리스트**]-[**리스트 추가하기**]를 클릭하여 '**음계**' 리스트를 추가한 후 ◉를 클릭하여 장면에서 숨기고 리스트 항목 수를 '**7**'로 지정합니다.

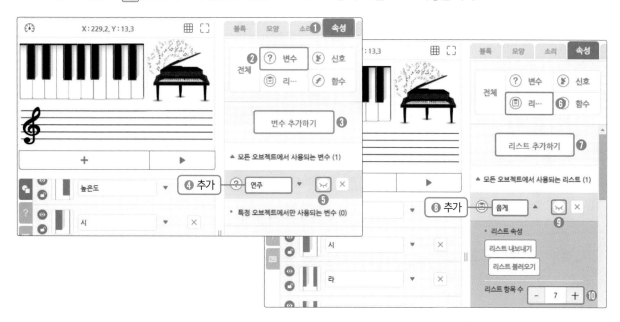

③ 건반을 눌렀을 때 해당 음의 소리가 나도록 하기 위해 '**도**' 오브젝트를 선택하고 [**블록**] **탭**을 선택합니다. 이어서 의 오브젝트를 클릭했을 때 를 추가하고 의 소리 피아노_04도 ▼ 재생하고 기다리기 를 연결합니다.

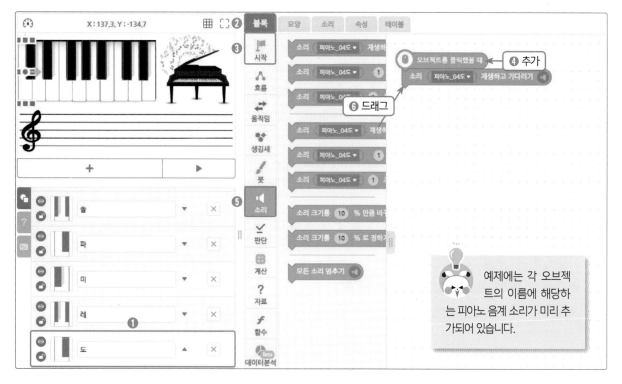

예제에는 각 오브젝트의 이름에 해당하는 피아노 음계 소리가 미리 추가되어 있습니다.

❹ 건반을 누른 순서와 음계를 변수와 리스트에 저장하기 위해 [? 자료]의 [연주▼ 에 10 만큼 더하기 ?]를 연결하고 값을 '**1**'로 변경한 후 [? 자료]의 [10 을(를) 음계▼ 의 1 번째에 넣기 ?]를 연결하고 값에는 '**도**'를, 번째에 [? 자료]의 [연주▼ 값]을 끼워 넣습니다.

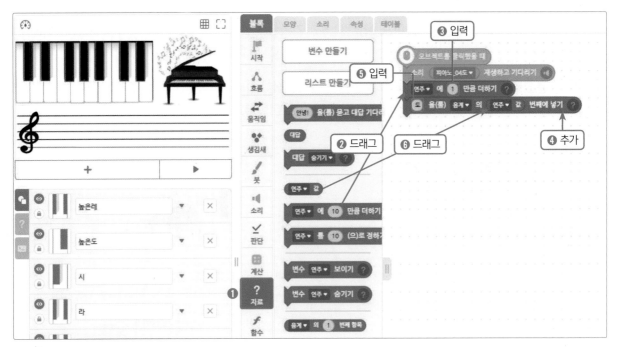

 '연주' 변수에 값을 1씩 더해 몇 번째 누른 것인지 순서를 확인합니다. 또 '도' 건반을 눌렀을 때이므로 '도' 값을 '음계' 리스트의 '연주' 변수 즉, 건반 누른 순서 번째 리스트에 저장합니다.

❺ [⚫ 오브젝트를 클릭했을 때]에서 [**마우스 오른쪽 버튼**]-[**코드 복사**]를 선택하고 '**레**', '**미**', '**파**', '**솔**', '**라**', '**시**' 오브젝트를 각각 선택한 후 [**마우스 오른쪽 버튼**]-[**붙여넣기**]를 선택하여 코드를 복사하고 값을 수정합니다.

오브젝트	소리	'음계' 리스트 값
'레' 오브젝트	피아노_05레	레
'미' 오브젝트	피아노_06미	미
'파' 오브젝트	피아노_07파	파
'솔' 오브젝트	피아노_08솔	솔
'라' 오브젝트	피아노_09라	라
'시' 오브젝트	피아노_10시	시

▲ '레' 오브젝트

❶ 건반을 누르면 건반을 누른 순서와 해당 음계가 오선지에 나타나도록 만들기 위해 '**음표1**' 오브젝트를 선택하고 `시작`의 `시작하기 버튼을 클릭했을 때`를 추가합니다. 이어서 `흐름`의 `계속 반복하기`를 연결하고 `흐름`의 `만일 참 (이)라면`을 반복 블록 안에 연결합니다.

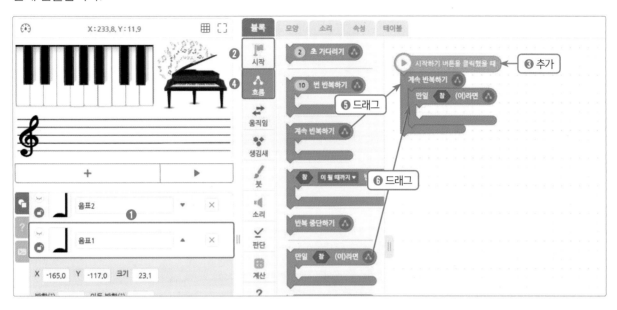

❷ 건반을 누른 순서와 리스트에 저장된 음계의 값의 조건에 모두 만족할 때의 조건을 만들기 위해 `판단`의 `참 그리고▼ 참`을 조건에 끼워 넣고 `판단`의 `10 = 10`을 왼쪽과 오른쪽 값에 각각 끼워 넣습니다.

❸ 첫 번째 조건에는 `자료`의 `연주▼ 값`을 끼워 넣고 값을 '**1**'로, 두 번째 조건에는 `자료`의 `음계▼ 의 1 번째 항목`을 끼워 넣고 값을 '**도**'로 지정합니다.

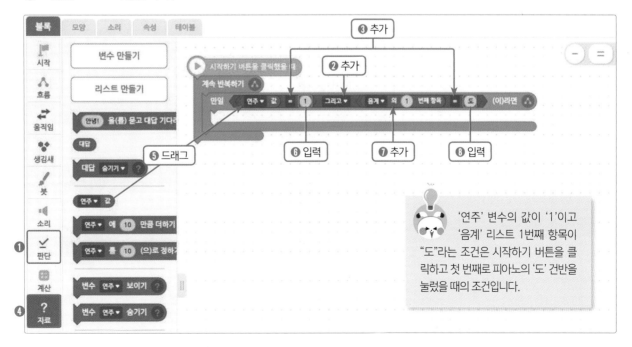

'연주' 변수의 값이 '1'이고 '음계' 리스트 1번째 항목이 "도"라는 조건은 시작하기 버튼을 클릭하고 첫 번째로 피아노의 '도' 건반을 눌렀을 때의 조건입니다.

❹ 첫 번째로 건반을 눌렀을 때 오선지의 '도' 위치에 오브젝트를 표시하기 위해 ⬚의 y: 10 위치로 이동하기 를 조건 블록 안에 연결하고 좌푯값을 '-110'으로 지정한 후 ⬚의 모양 보이기 를 연결합니다.

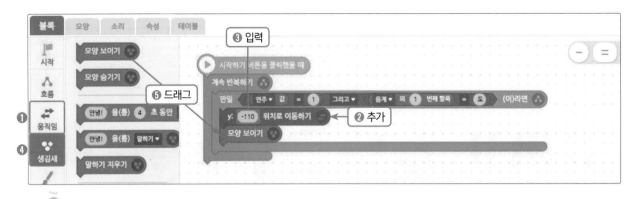

예제에는 '음표1'~'음표7' 오브젝트가 장면에서 보이지 않도록 미리 지정되어 있으며 각 음표 오브젝트는 표시될 순서대로 배치되어 있습니다. 따라서 '음계' 리스트의 값('도', '레', '미', '파', '솔', '라', '시')에 따라 y 좌푯값만 이동해 오브젝트 모양을 보이도록 합니다.

❺ 조건 블록에서 [마우스 오른쪽 버튼]-[코드 복사&붙여넣기]를 6번 실행하여 복사된 코드를 연결하고 **리스트의 값**과 **y 좌푯값**을 각각 지정합니다.

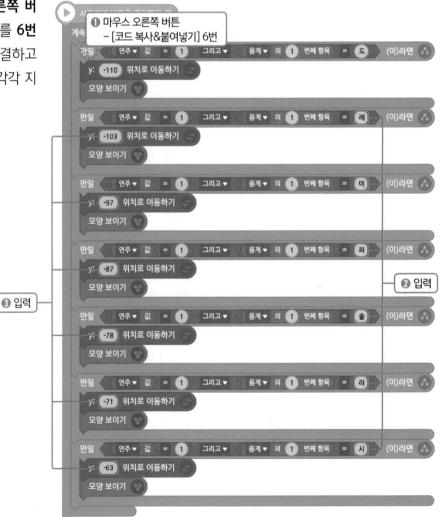

6 ▶ 시작하기 버튼을 클릭했을 때 에서 **[마우스 오른쪽 버튼]–[코드 복사]**를 선택하고 '**음표2**', '**음표3**', '**음표4**', '**음표5**', '**음표6**', '**음표7**' 오브젝트를 각각 선택한 후 **[마우스 오른쪽 버튼]–[붙여넣기]**를 선택하고 값을 변경합니다.

오브젝트	'연주' 값	'음계'의 번째 항목
'음표2' 오브젝트	2	2
'음표3' 오브젝트	3	3
'음표4' 오브젝트	4	4
'음표5' 오브젝트	5	5
'음표6' 오브젝트	6	6
'음표7' 오브젝트	7	7

▲ '음표2' 오브젝트

실습파일 : 라디오.ent　　완성파일 : 라디오(완성).ent

01 신나는 음악이 나오는 라디오를 만들어요. 전원 버튼을 누르면 음악이 나오면서 버튼이 다른 모양으로 바뀌고 이퀄라이저의 모양이 바뀌도록 코드를 완성해 보세요.

'전원1' 오브젝트

❶ '오브젝트를 클릭했을 때 ➡ ❷ '음악켜기' 신호 보내기 ➡ ❸ 소리 '즐거운 음악' 재생하기 ➡ ❹ 모양 숨기기

❶ '음악끄기' 신호를 받았을 때 ➡ ❷ 모양 보이기

'전원2' 오브젝트

❶ '오브젝트를 클릭했을 때 ➡ ❷ '음악끄기' 신호 보내기 ➡ ❸ 모든 소리 멈추기 ➡ ❹ 모양 숨기기

❶ '음악켜기' 신호를 받았을 때 ➡ ❷ 모양 보이기

'조절' 오브젝트

❶ '음악켜기' 신호를 받았을 때 ➡ ❷ ❸~❹를 계속 반복하기 ➡ ❸ '0.3'초 기다리기 ➡ ❹ '다음' 모양으로 바꾸기

❶ '음악끄기' 신호를 받았을 때 ➡ ❷ '자신의' 코드 멈추기

・예제에는 '음악켜기'와 '음악끄기' 신호가 미리 만들어져 있으며 '전원1' 오브젝트에 '즐거운 음악' 소리가 미리 추가되어 있습니다.
・예제에는 '조절' 오브젝트에 '조절1', '조절2', '조절3' 모양이 미리 추가되어 있습니다.

02 위쪽과 아래쪽 화살표 키를 누르면 '볼륨' 오브젝트가 회전하고 소리 크기가 커지고 작아지도록 코드를 완성해 보세요.

'볼륨' 오브젝트

❶ '위쪽 화살표' 키를 눌렀을 때 ➡ ❷ 소리 크기를 '10'%만큼 바꾸기 ➡ ❸ '0.5'초 동안 방향을 '20'만큼 회전하기

❶ '아래쪽 화살표' 키를 눌렀을 때 ➡ ❷ 소리 크기를 '-10'%만큼 바꾸기 ➡ ❸ '0.5'초 동안 방향을 '-20'만큼 회전하기